河北省高等学校社科研究2018年度项目·河北省教育厅青年基金："一带一路"背景下河北省国际产能合作中的区位选择与进入模式研究（SQ181106）

河北省创新能力提升计划2019年度项目·河北省科技厅软科学研究专项：京津冀生态环境治理机制及对策研究（19456228D）

石家庄铁道大学管理科学与工程重点学科项目

知识产权保护与对外出口及投资

杨小辉 著

中国社会科学出版社

图书在版编目（CIP）数据

知识产权保护与对外出口及投资／杨小辉著．—北京：中国社会科学出版社，2020．3

ISBN 978-7-5203-5553-7

Ⅰ．①知…　Ⅱ．①杨…　Ⅲ．①出口贸易—知识产权保护—研究②对外投资—知识产权保护—研究　Ⅳ．①F746．12②F830．59

中国版本图书馆 CIP 数据核字（2019）第 238291 号

出 版 人　赵剑英
责任编辑　车文娇
责任校对　周晓东
责任印制　王　超

出　　版　中国社会科学出版社
社　　址　北京鼓楼西大街甲 158 号
邮　　编　100720
网　　址　http：//www.csspw.cn
发 行 部　010-84083685
门 市 部　010-84029450
经　　销　新华书店及其他书店

印　　刷　北京明恒达印务有限公司
装　　订　廊坊市广阳区广增装订厂
版　　次　2020 年 3 月第 1 版
印　　次　2020 年 3 月第 1 次印刷

开　　本　710×1000　1/16
印　　张　9．75
插　　页　2
字　　数　121 千字
定　　价　48．00 元

摘　要

我国面临的出口压力不断增大，也面临着外资不断流失的危机，与此同时消费增长还显出乏力。这给我国经济可持续增长造成巨大压力，在这种背景下，经济的转型升级势在必行。本书以知识产权保护对创新的激励为出发点，分析知识产权保护对出口升级及外向对外直接投资的影响机制。本书的主要内容如下。

（1）本书为知识产权保护对出口质量的影响机制提供了理论框架。研发和外国直接投资与出口质量呈现正相关关系，而知识产权保护的加强会鼓励 R&D 支出的增长并且吸引更多的 FDI。通过实证检验发现：在发展中国家只有 FDI 在 IPR 对出口质量的提升中才起到中介作用，而在发达国家 R&D 和 FDI 两个因素都起到中介作用。另外，知识产权保护对出口质量的影响在高技术产业更显著，对于分化精细的出口产品质量影响尤为明显。

（2）关于知识产权保护对出口成熟度的影响。首先，知识产权保护会导致一个国家吸引更多 FDI、研发活动更为活跃并增加进口。FDI 不仅为东道国带来了资金，也带来了技术和管理经验；进口是技术扩散的重要方式；研发活动会很好地改善一国的创新能力。这三种方式都会促进技术的积累。技术的发展会提升一国的出口成熟度。实证结果显示：在发展中国家，进口和 FDI 在知识产权保护与出口成熟度的关系中起中介作用；而在发达国家起中介作用的则是研发和 FDI。如果将发展中国家起中介作用的进口和 FDI 按其来源进行划分，则会发现在发展中国家起中介作用的实际上是发展中国家间的进口以及发达国家间的投资。

（3）在已有关于对外直接投资经典理论的基础上全面分析了知识产权保护对外向对外直接投资的影响机制。基于 IDP 理论，考虑到知识产权保护对所有权优势的影响和其他宏观经济变量对 FDI 的影响，加入了三个新的变量。实证结果表明：知识产权保护随着经济发展水平的不同会表现出不同的作用机制。在发展中国家 IFDI 在 IPR 与 OFDI 的关系中起中介作用；而在发达国家中介作用则依赖于 R&D。另外，对发展中国家 FDI 来源进行细分可以发现，发展中国家间 FDI 的中介作用为正，而发达国家对发展中国家投资的中介作用为负。

（4）移民作为知识转移的重要方式对迁出国竞争力会产生负面影响。而知识产权保护作为调节变量，对移民的回流具有正向影响。这一调节作用随着经济的发展不断减弱，但在发展中国家所起的作用要高于在发达国家。另外，如果聚焦于女性移民，则知识产权保护对移民与出口竞争力的调节作用会随着经济的发展表现出“U”形关系。

关键词：知识产权保护，出口质量，出口成熟度，外向对外直接投资，竞争力

目　　录

第一章

绪　论

第一节　研究背景

经贸问题是当前中美关系中最敏感、最重要的核心议题。特朗普在上台伊始就打着“美国优先”和“公平贸易”的口号誓言解决贸易赤字，将中国视为重点打击对象，对华贸易保护主义色彩日渐明显。2017 年特朗普就任美国总统半年时间内，中美经贸关系曾经历了短暂的“蜜月期”，但此后开始出现重大转折。2017 年 7 月首轮中美全面经济对话机制无果而终后，特朗普政府于同年 8 月启动对中国知识产权问题的“301”调查，11 月对进口中国铝材进行了反倾销调查，2018 年年初又先后宣布对进口太阳能板和洗衣机征收惩罚性关税，计划对价值 500 亿美元的中国商品加征关税。最终，2018 年 3 月，特朗普签署总统备忘录，宣布对从中国进口的 500 亿美元商品征收关税，美国对华贸易战自此开启。

美国发动对华贸易战并非偶然，对于特朗普政府执意发起贸易战，有多个层面可以进行解释。第一，从国际层面解读，认为特朗普政府发动对华贸易战是中美实力对比及经贸关系发生结构性变化的结果。第二，从双边层面进行解读，认为特朗普发动对华贸易战源于美国对华外交战略发生转变，根本上是为了扭转对华贸易逆差、逼迫中国开放市场，从而维护美国的全球霸权地位。第三，从国家层面进行解读，认为特朗普发动对华贸易战是为了赢得国会中期选举，受到美国国内民粹主义的影响。第四，从个人层面进行解读，认为特朗普发动贸易战是其商人出身背景及个人性格使然。第五，从认知角度进行解读，认为美国对全球价值链分工、贸易体系以及所谓贸易逆差的理解存在认知差异，这是促使特朗普发动对华贸易战的根本原因。

为应对国际贸易的新形势和新规制，国内积极实施自贸区战略，进一步统一内外资的相关法律，从而进一步深化国内改革；对外积极进行双边、多边、区域和诸边的贸易谈判，积极发展服务贸易，不断改善投资环境，实现国内法治与国际规则间的良性互动。由此可见，贸易及对外投资仍是影响各主要经济体经济复苏及崛起的经济引擎。

从国内的角度分析，我国经济面临的主要问题是产能过剩和产业结构不合理，因此我们的应对思路应着眼于国内的产业升级。要实现产业升级，重要的着力点应当聚焦于我国生产的产品在国际市场上的竞争力，实现出口的不断升级。另外，我国处于由主要依靠引进外资转为逐步进行对外投资的阶段，这也会促进国内产业的不断升级。

改革开放以来，中国经济高速发展，年均增速增长率超过9%，在众多因素当中出口成了重要引擎之一，出口拉动也被视作中国增长模式的主要代名词。这主要表现为2001年中国加入WTO之后出口与经济出现双指标快速增长的情况之后，在接下来的2002—2008年中国出口数量同比增速甚至超过了20%，2009年中国出口出现转折点，超越德国成为世界第一出口大国。但是受到国际金融危机的影响，中国出口的外部环境急转直下，出口压力骤增，2009年中国的出口出现了负增长。为应对突如其来的压力，中国出台4万亿刺激政策，出口大幅反弹，在2010年、2011年增速都在20%以上，但2012年、2013年出口增速又下降到8%以下。总体来看，金融危机导致的出口增速下滑趋势并未有改善迹象，部分学者认为中国的出口奇迹与加入世贸组织后更适应其制度规则相关，伴随着加入世贸组织红利的逐渐消退，中国出口所面临的情形发生变化，出口拉动经济的模式不可持续，中国经济增长模式需要从出口数量向出口质量转型。从更深的层次分析，中国出口的增长奇迹一方面受到国际资本的流入的影响，另一方面资本也激发了中国富余劳动力的比较优势。从比较优势理论出发，要素禀赋是决定中国成为出口大国的关键因素，要素禀赋结构的变动应当作为研究中国出口大国转型的重要突破口。出口在中国经济中占有的特殊地位也使得出口瓶颈的突破成为中国经济转型与发展能否成功的关键，伴随着国内资产价格不断上扬，劳动力成本也不断上升，这一竞争优势逐步丧失，若要继续保持在国际市场上的竞争地位就需要不断提高生产产品的质量、提高出口产品的技术含量。

跨国企业的投资活动是经济全球化的主要推动力量，而伴随着国际直接投资的活跃，国际产业也在不断转移，这使各国产业结构调整不断变化，而且东道国吸引外资的规模和范围越大，产业结构调整所受影响也会越显著。目前，我国企业对外直接投资依然处于初级发展阶段，产业结构不尽合理，产业人员整体素质偏低；此时，利用对外直接投资助推国内产业结构优化升级既符合时代要求也符合企业利益。我国跨国企业在对外直接投资活动中也可以实现与国内产业升级活动的联动，使国内产业快速进入产业链的高端，同时实现宏观经济的持续、稳定、健康发展以及经济发展水平的提升。许多发达国家首先实现国内产业结构高级化，进而利用企业优势对外投资。我国是一个处于经济转型发展中的国家，与发达国家的路径并不相同，应当通过融入国际生产体系，推动国内产业结构的优化升级。这意味着国内产业结构的优化升级不是我国对外直接投资的前提背景，而是结果。从世界开展对外直接投资活动较早的国家（如英国、美国、日本等国家）的历史经验来分析，开展对外直接投资一方面有利于落后产业的转移、短缺自然资源的获取、国外先进技术和管理经验的借鉴，另一方面也有利于国外市场的开辟、出口的扩大、生产成本的降低和本国产品国际竞争力的提升。对外直接投资活动往往与国内经济结构的调整、产业的升级是相伴而行的，两者之间存在内在关联并相互影响。资源寻求型对外直接投资活动与投资国产业的重工业化过程是相伴而生的，而市场寻求型对外直接投资活动对国内制造业的高加工度水平存在影响，效率寻求型对外直接投资活动对国内劳动生产率的提升起到了一定的促进作用，战略资产寻求型对外直接投资活动与国内制造业的高技术化密切相关，相关实证研究的结论证实了这些典型国家在对外直接投资过程中存在着产业不断升级这一规律。

第二节　研究目的和意义

一　研究目的

为应对当前国际贸易投资新规则，加强知识产权保护势在必行，而知识产权保护的实施应当与一国发展阶段相适应。另外，经济结构的调整、产业的升级与该国产品在国际市场上竞争力的提升以及对外直接投资紧密相关。本书的研究目的在于探索知识产权保护对出口升级及对外直接投资的影响，有助于理解知识产权保护对本国经济国际部分的影响机制，进一步理解一国经济所应采取的针对性政策。

二　研究意义

（一）理论意义

出口与外国直接投资长期作为中国经济的驱动力量，为中国近 30 年的经济高速增长发挥了重要作用。在经济“新常态”的背景下，出口的升级、投资从“引进来”转变为“走出去”

的战略将成为经济转型升级的必然。国内经济体制改革的目的就是为国内经济进一步发展提供良好的制度环境，对于出口升级及外向投资企业在国际上竞争力的提升也更需要国内良好的知识产权保护以确保创新主体利益。现有研究文献已有很多成果，但仍存在薄弱环节。一方面，论述出口国本国知识产权保护对出口数量影响的较多，但对出口质量、出口成熟度和出口竞争力影响的分析鲜有论述。另一方面，东道国知识产权保护与其吸引外国投资间的关系研究较多，但母国知识产权保护与其外向对外投资影响关系很少得到研究。

因此，从逻辑上看，要系统地梳理、凝练母国知识产权保护与出口升级及外向对外投资的影响路径，并探寻相关支持证据，有三项工作必不可少：第一，回顾、总结已有的理论和相关实证研究；第二，归纳知识产权保护对本国技术积累的机理，分析本国技术积累途径，探求知识产权保护与出口升级及外向对外投资相互关联的核心内容及渠道；第三，通过实证手段检验有关猜想或理论预期与现实情况是否相符。这三个方面的工作环环相扣，以此建立一个构成完整且具有较强说服力的理论研究框架。

（二）现实意义

改革开放多年来，中国经济年均增长速度为9.8%，其中，出口发挥着重要作用。尤其在中国加入WTO以后，中国跃居世界第一大出口国。但从2008年的金融危机开始中国面临的国际出口环境日益严峻，中国廉价劳动力比较优势逐步被东南亚许多国家所取代，“出口拉动”面临着考验。若要继续保持竞争优势，中国面临着出口大国的转型升级，从一般劳动密集型产品的出口向知识劳动密集型、技术密集型产品的出口升级，实现从粗放型出口增长向集约型出口增长的转变。

另外，中国经济的迅速腾飞与“三驾马车”当中的外商直接投资密不可分，但近些年外资引进阻力不断增大。中国在跨国投资活动中的地位正在发生变化，一方面表现为外资在国内社会固定资产投资中的比例不断下降，另一方面是我国对外投资规模不断扩大，“走出去”战略已成为国家推动国内产业升级的重要战略，为国民经济的进一步发展提供了动力。

同时，中国经济进入“新常态”，为应对经济增长乏力甚至出现下行的情况，国内正在加快深层次的经济体制改革。但若体制改革不当，不但不会促进经济发展，还会起到阻碍作用，严重的甚至还会发生严重的社会动荡。经济体制需要不断改革是因为随着生产力的发展，过去适宜的经济体制变得不再适宜。在众多的经济体制中知识产权保护制度发挥着保护智力成果、激励创新的作用，中国依靠资源投入的经济发展模式已经不能支撑经济的可持续发展，提高资源利用效率及创新对于经济的进一步发展则会发挥越来越重要的作用。因此，本书着力探讨知识产权保护制度对经济的影响，并聚焦于国际部分的对外出口升级及对外直接投资。

第三节　研究框架及思路

本书的主要目的是要探索母国知识产权保护对其出口及外

向对外直接投资的作用机制。首先，从现实角度出发，我国面临出口下滑及外资撤离的双重风险。我国经济已经发展到瓶颈期，从面对的来自国际部分的压力来讲，亟须出口升级以及鼓励企业“走出去”。其次，要实现这两个战略，我们需要从理论角度分析影响母国出口升级及对外投资活动的各种影响因素。最后，基于现实问题和理论缺口，提出科学问题。

实际上，对于发展中国家来讲外国直接投资及进口在其发展初期不仅起到了引进资金及补充国内产品短缺的作用，还对发展中国家的技术进步具有技术转移的作用。同时，在以往的出口及外向对外投资理论中，没有将母国的知识产权保护考虑进来。然而，随着高科技产业及高科技产品在世界经济中的比重日益增加，技术含量较高的产品在国际市场上的竞争力越发凸显，技术优势已成为跨国公司所有权优势中的重要优势之一，母国知识产权的保护程度影响着本国出口产品能否具有更高的技术含量以及本国公司能否形成技术优势。因此，知识产权保护对于母国高科技产品生产以及本国跨国公司的海外投资影响越来越重要，这些都表明母国知识产权保护是母国出口产品质量及对外投资的重要影响因素。

本书的主要研究思路是将知识产权保护理论、国际贸易理论、IDP 理论和技术转移理论相互结合成为一个完整的分析框架，以便分析知识产权保护对出口升级及对外直接投资的影响机制。

通过归并以往的理论，本书认为，母国技术能力的提升为本国生产高质量的出口产品奠定了基础，同时为本国企业进一步对外投资奠定了所有权优势。而创新活动以及多种形式的技术转移对于本国企业的技术积累发挥了重要作用。在不同发展水平的国家（发达国家、发展中国家），不同的技术积累形式发挥的作用不尽相同。基于这样的理解和认识，本书在构建知识产权保护对出口升级及外向对外投资的理论模型时的主要思路是：在考虑知识产权保护对国际技术转移影响时将被研究经济体作为东道国进行考虑，而在考虑知识产权保护对研发的影响时将被研究经济体作为母国进行考虑，而知识产权保护对出口质量及外向对外直接投资的影响机制则从母国角度出发。

知识产权保护对出口质量及出口成熟度的影响机制具有相似的建模思路：从出口产品质量提升和结构优化层面考虑，表现为知识产权保护通过激励创新活动促进国际技术转移，促进本国技术积累，最终提高本国产品质量以及产品技术含量。创新活动和国际技术转移在对出口质量和出口成熟度的影响中起到了中介作用。

知识产权保护对外向对外直接投资（OFDI）的影响机制的建模思路是：知识产权保护会对母国创新活动及国际技术转移产生影响，这促进企业技术积累，并使其获得所有权优势，为其进一步海外投资提供了基础；本书的核心问题聚焦于知识产权保护对出口升级的影响机制，本书第七章中竞争力用高科技出口来指代，而技术转移用移民来度量，因此也可作为知识产权保护对出口影响的一个方面。知识产权保护对于母国流向海外移民的归国创新活动具有很大影响，这实际上促进了国际技术转移，从而增加母国境内企业技术积累，使得该国的高科技

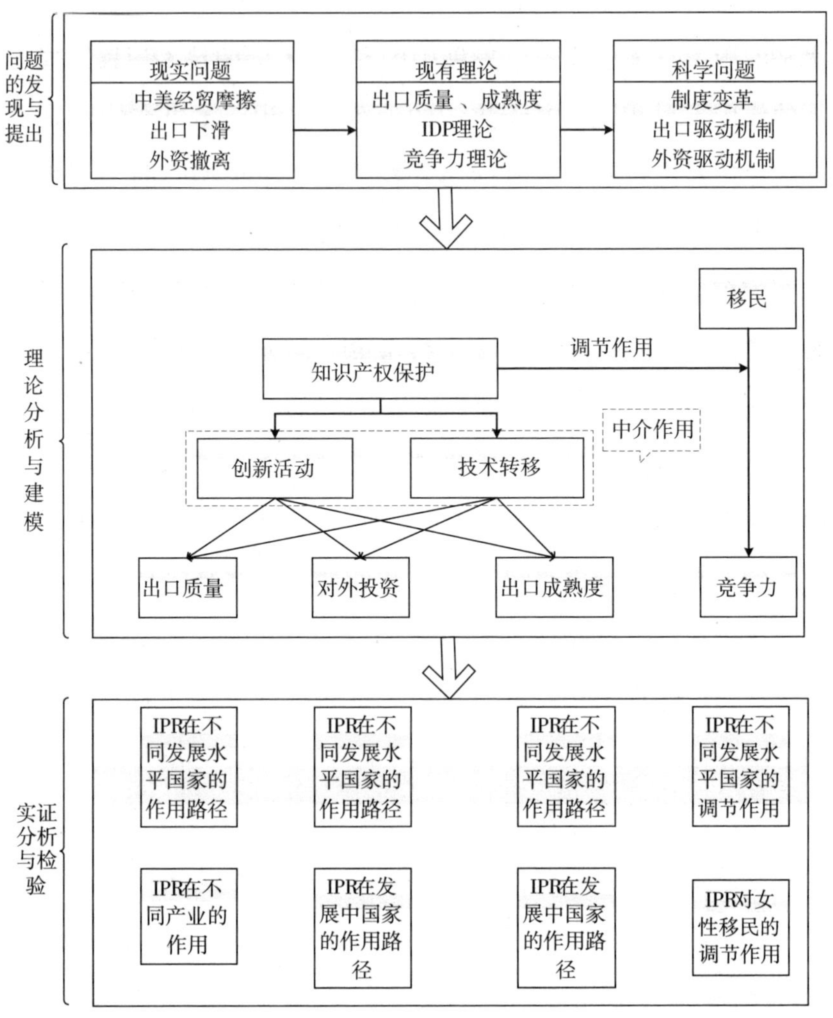

图 1-1　研究框架

产品在国际上更有竞争力。这实际上是母国制度环境对移民与母国竞争力关系的调节作用。

第四节 研究内容、方法和技术路线

一 研究内容

本书一共包含八章，每一章的主要内容如下所示。

第一章是绪论。简要介绍本书的研究背景、目的与意义，对国内外相关研究成果进行评述，明确本书的研究内容、方法和技术路线，并提出本书的创新点。

第二章是出口及对外投资相关文献评述。梳理知识产权保护理论、出口质量及出口成熟度理论、IDP 理论、竞争力和技术转移理论，将这些理论有机结合起来，为本书进一步的研究奠定理论基础。

第三章是贸易、OFDI 和知识产权保护的经验事实。本章分析整理了 2010—2015 年年初的世界贸易状况（包括进口和出口），并按照贸易发生的地区、行业及贸易类别（商品贸易和服务贸易）进行分析；分析了 2014 年各个国家和地区吸收外资的情况和对外投资活动；描述分析了知识产权保护在历史上重大科技（如大飞机制造、抗生素和半导体）中所发挥的作用，并预测其在即将兴起的 3D 打印、纳米技术和机器人中所扮演的角色及可能遇到的问题。

第四章、第五章、第六章以及第七章是本书核心的理论构建及实证检验部分。本书的理论研究着重阐述知识产权保护对出口产品质量、出口成熟度、外向对外直接投资及竞争力的作用机制。这些作用机制可以概括为知识产权保护通过影响国内创新及国际技术转移，从而间接影响出口或外向对外直接投资。第四章探讨了知识产权保护对出口质量的影响，将研发和外国直接投资作为中介变量，实证结果显示不同国家（发达国家和发展中国家）会有不同的作用路径。第五章研究了知识产权保护对出口成熟度的影响，将研发、外国投资、进口三者作为中间变量，研究结果显示在发达国家和发展中国家作用路径也各不相同。第六章分析了知识产权保护对外向对外直接投资的影响，将研发和内向外国直接投资作为中介变量，分析了在不同国家的不同作用路径。第七章则是将国际移民看作国际技术转移的重要方式，分析了母国知识产权保护对流出移民归国创新活动的调节作用。

第八章是结论和建议部分。本章首先对全书进行了概括性的总结，然后针对本书理论研究和经验检验所发现的问题并结合中国目前所处的特殊阶段和发展现状，尝试性地提出了一些相关的政策建议。

二　研究方法和技术路线

本书主要应用的研究方法包括：

（1）文献研读法。本书在充分研读把握以往文献资料的基础上，认真梳理对外直接投资和出口升级理论以及知识产权保护与二者之间的相关关系理论，并归纳总结相关研究成果；在此基础上，提出了知识产权保护对外向对外直接投资与出口升级影响机制的理论分析框架。

（2）理论分析与实证研究相结合。母国知识产权制度对本国出口升级及外向对外直接投资影响是一个比较新的话题，有关这一影响关系的作用机制的研究比较少，本书通过规范分析尝试建立理论模型解释这种现象；同时，利用发展中国家及发达国家的数据进行有关实证分析，为中国经济体制改革提供借鉴。

（3）定性分析与定量分析相结合。本书通过必要的定性分析，利用 World bank data、UNCTAD、UNcomtrade 及 IMF 等数据库，收集各种数据，建立科学的指标体系，描述经济变量间的关系，进一步阐释母国知识产权保护制度对出口提升及外向对外投资的支撑作用。

本书的技术路线如图 1-2 所示。

三　主要创新点

本书的主要创新点体现在以下四个方面。

（1）本书发展了出口质量理论，将知识产权保护理论、国际技术转移理论、出口质量提升理论结合起来，深化了制度因素对出口质量的影响机制。知识产权保护在发达国家与发展中国家的不同作用路径为不同发展水平国家出口质量的提升提供的政策支持更具针对性，而从产业角度分析的知识产权保护对出口质量的影响可以指出哪些类别的产品受到影响更大。

（2）出口升级可以表现为出口成熟度，出口成熟度一方面反映某国出口结构的合理程度，另一方面反映该国出口产品的

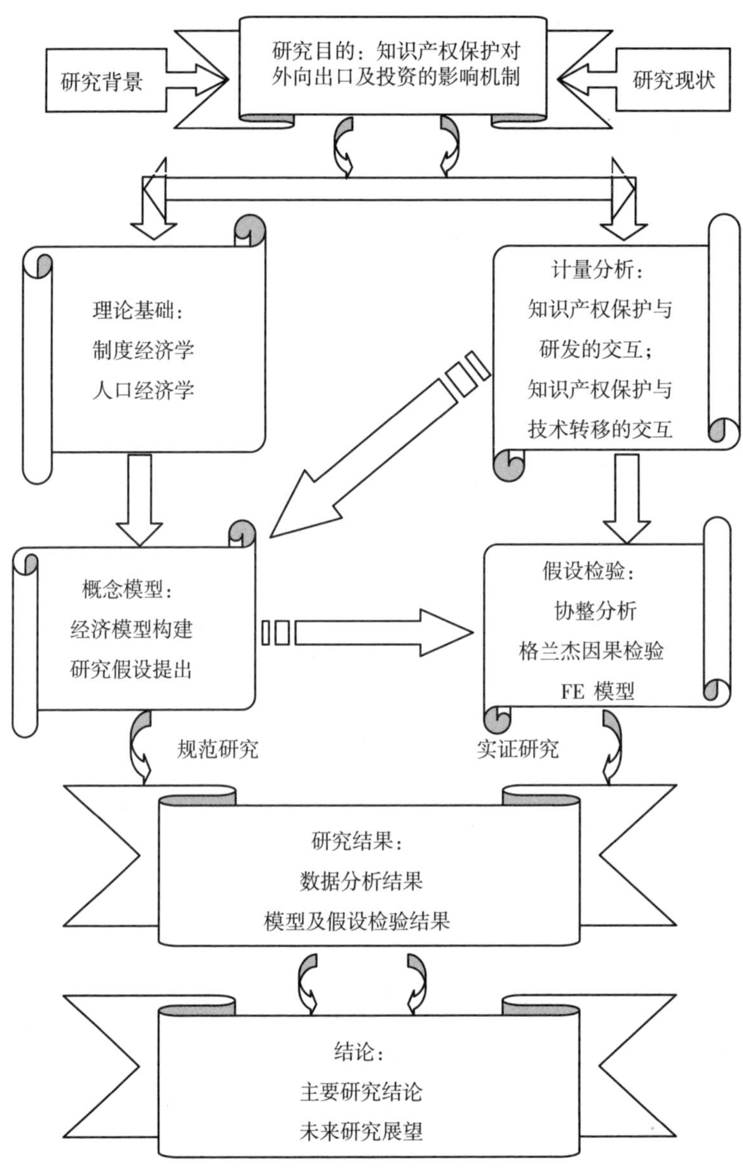

图 1-2　技术路线

总体技术含量高低，深化了制度因素对出口成熟度影响的理解，发展了知识产权保护对出口成熟度的影响在发达国家与发展中国家不同的认知，因此为了使一个国家出口结构更趋合理，政策应当有所不同。本书进一步分析了技术差距这一路径的影响，使得在制定政策措施时考虑得更全面。

（3）国际经济部分还涉及国际投资，将知识产权保护理论、国际技术转移理论与 IDP 理论结合起来，着重分析制度因素对投资企业所有权优势的影响机制。将知识产权保护并入对外直接投资的理论分析框架，同时分析了母国与东道国技术差距如何影响所有权优势。

（4）竞争力可以用高技术出口占比衡量，因而竞争力提升也可以看作出口升级的一种表现。将知识产权保护理论、国际技术转移理论、竞争力理论相结合，并且将移民的流动看作国际技术转移的一种方式植入国际技术转移理论当中，拓展分析了母国制度因素对移民与竞争力关系的影响，进一步发现聚焦于女性移民时，这一调节作用所表现出的特殊性。

第二章

出口及对外投资相关文献评述

第一节 出口质量理论

目前，已经有许多学者讨论过哪些因素会影响到出口产品的质量。其中，有一些学者指出，如果一个国家有着较高的人均 GDP，那么这个国家往往会出口较高质量的产品（Falvey，1981；Falvey and Kierzkowski，1987；Mora，2002；Schott，2004；Hummels and Klenow，2005）。更高质量的产品会包含更多的要素，如物质资本要素。因此，富裕的发达国家会比不发达国家拥有更多的物质资本存量。发达国家在产品质量提升方面比发展中国家有更多的优势。另外，更高的教育水平以及更多的熟练工人会使得国家更具生产效率。因此，一国人力资本的存储量越大，其生产的出口产品质量越高（Schott，2004）。

其他的一些研究还探索了技术创新与出口质量之间的关系（Flam and Helpman，1987）。技术创新使得先进的发达国家产品质量提升，而发展中国家则有机会接触原来发达国家较低技术的产品。因此，技术创新应当与产品的质量密切相关。最近，一些学者使用研发支出来指代创新，研究了创新对出口质量的影响（Aw et al.，2008；Faruq，2010）。其他的一些学者则用FDI指代技术转移水平，探索了技术转移与出口质量之间的关系（Damijan et al.，2003；Caetano and Galego，2006；Reganati and Pittiglio，2005）。

此外，还有一些研究阐明了制度变量对于出口质量的影响。他们提出好的制度环境会对贸易伙伴具有很强的吸引力（Dollar and Kray，2003；Berkowitz et al.，2006；Levchenko，2007），因此，制度环境越好则出口产品的质量也越好。另外，其他的一些研究也暗示了制度因素与出口质量之间的间接关系，这些研究表明好的制度环境会使得商业环境的不确定性降低，因此，将会带来更多的投资（Mauro，1995；Henisz，2000；Mo，2001；Meon and Sekkat，2008）。另外，投资将会带来更多的进口，进而提升了本国的出口水平（Rodrik，1995）。一些研究表明好的制度会产生更高的生产效率（Hall and Jones，1999）。更高的生产效率会帮助生产商降低进入外国市场的相对成本，因此，也会增加出口（Bernard et al.，2003）。另外，最近一些研究探索了制度对于不同产品的影响。Meon 和 Sekkat（2008）认为好的制度与制造业出口有正相关关系，但与非制造业没有相关关系。Goel 和 Korhonen（2011）的另一个研究发现石油出口可能会导致腐败，而农业出口会降低腐败。这些研究表明本国企业会通过进口海外企业的技术来达到提升本国产品质量的目的。同时，也有可能通过跨国公司的技术扩散实现本公司产品质量的提升。

知识产权保护与出口之间的关系已经成为学术界争论的热点话题。已有的理论研究表明加强知识产权保护对出口的影响是模糊的，会产生两种截然相反的影响：市场扩展影响和市场势力影响（Maskus and Penubarti，1995）。对于市场扩展影响，研究者发现东道国知识产权保护的加强会导致更多的出口流向这些国家（Maskus and Penubarti，1995；Smith，2001）。这些研究者还发现更为严格的知识产权保护使得本地公司模仿能力大大降低。由于模仿能力的降低，本地市场需求会被国外知识产权持有公司所占据。相反，对于市场势力影响，东道国较强的知识产权保护会导致这些地区更少的进口，因为加强知识产权保护会增强外国企业在本地的垄断，它们会削减产量增加价格来获取垄断利润。还有，另外一些学者发现加强发展中国家的知识产权保护会增加发达国家的出口（Awokuse and Yin，2009；Ivus，2010）。

第二节　出口成熟度理论

国际贸易中的 HO 理论认为要素禀赋是决定生产成本的关键因素，因此会影响一个国家生产产品的专业化及其产品结构。拥有丰富自然资源的国家更有可能出口资源密集型的产品，而发达国家更有可能出口资本密集型及技术密集型产品（Schott，2008）。克鲁格曼（1980）指出，资源禀赋会影响到一个国家出口产品的多样性。一些研究还暗示了丰富的自然资源对技术创新具有负面的影响（Sachs and Warner，1999，2001）。

Hausmann 等（2007）将劳动力规模及资本存量作为一个国家的要素禀赋，认为一个国家拥有更多的劳动力意味着劳动力工资会比较低，这样会使得该国具有较高的劳动资本输出率，从而使得该国在生产成熟度较高的产品方面具有优势。另外，他们以人均 GDP 来指代经济的发展水平，发现其与出口成熟度高度相关。

除了这些要素禀赋，新经济增长理论认为知识资本在长期对经济的增长发挥着重要的作用（Romer，1990）。另外，本地知识可以创造知识资本，其中，人力资本及研发被认为是内生知识创造的两个关键因素（Fu and Gong，2011；Lucas，1988）。

知识资本还可以通过技术转移的方式获得，进口以及外国直接投资被认为是两种重要的技术转移的方式。进口对出口成熟度提升的直接途径是通过中间产品的输入，间接途径是通过技术转移（Zhu and Fu，2013）。Fu 和 Xu（2011）的实证研究表明进口中间产品对中国出口成熟度具有重要作用，这与生产活动密切相关。而关于外商直接投资对于出口成熟度的影响，Xu 和 Lu（2009）发现外商独资企业与出口产业出口成熟度具有正相关关系。另外，其他一些研究发现制度质量与出口成熟度也有很大关系。比如，鼓励高科技产品生产的政府政策对出口成熟度具有推动作用（Lo and Chan，1998）。Zhu 和 Fu（2013）也发现政府效力及政治稳定都会对出口成熟度水平有正向影响。

第三节　对外直接投资理论

一　对外直接投资的东道国影响因素

由 Dunning（1977，1993）提出的折中理论为 FDI 活动提供了一个基本的解释框架。该理论表明一个公司的对外投资活动由该公司的所有权优势、区位优势和国际化优势共同决定。区位优势与这个国家的特定条件相关，而所有权优势及国际化优势与公司特有的条件相关。地理位置决定了跨国公司的商业环境，而区位条件决定了东道国经济体对于外国公司的吸引力。折中理论表明跨国公司具有探索东道国的特定区位优势的动机，怀着不同动机的公司会寻求不同的区位优势。Dunning 认为跨国公司的海外投资有四个不同的基本的动机，包括市场寻求动机、自然资源寻求动机、效率寻求动机和战略资产寻求动机。

东道国的市场经常被当作影响跨国公司海外直接投资的重要影响因素。Bevan 和 Estrin（2004）发现东道国的市场规模与流向东道国的外国直接投资正相关，较大的市场使得投资者通过本地生产获得成本效益及规模效益（Braunerhjelm and Svenson，1996；Venables，1999）。因此，大的市场对于投资者是一个重要的考虑因素。另外，经济的快速增长对企业意味着更多的获益机会，东道国经济的快速增长将会对产品产生巨大的需求，这使得更多的外国企业进入该经济体。因此，经济增长越快会吸引越多的外国直接投资流入东道国。

自然资源是跨国公司在进行区位选择时重要的考虑因素（Dunning，1993）。资源寻求型外国直接投资的投资目的是为投资公司下游企业的运行提供保障。国际化理论指出当在进行稀有自然资源开发时，保持公平开发的原则极为重要（Buckley and Casson，1976）。发达国家和发展中国家都需要通过外国直接投资活动获取国外的自然资源。

经济效率是跨国公司进行投资活动时考虑的另一个因素，与此同时在一个极具挑战的环境中进行投资时，制度环境被认为是企业能否生存并且成功的关键因素（Kostova and Zaheer，2008）。折中理论认为经济效率被认为是区位选择的最主要的考虑因素。东道国的制度环境被认为是在不确定环境中能否降低交易成本的关键（Hoskisson et al.，2000）。制度理论表明组织必须镶嵌在并且适应国家的宏观制度环境（Zukin and DiMaggio，1990）。因此，跨国公司应该适应东道国环境进而寻求东道国带来的经济效益（Yiu and Makino，2002）。

战略资产寻求动机意味着公司的外国直接投资活动是为了满足其在国际市场中的战略需求（Deng，2007）。通过这种形式的投资，跨国公司可以在与来自发达国家的跨国公司竞争时弥补它们在垄断技术、管理知识、产品品牌及生产网络分布方面的不足（Buckley et al.，2008；Luo and Tung，2007）。

二　对外直接投资的母国决定因素

Dunning（1981，1986，1988）的 IDP 理论是其折中理论的

拓展，这一理论是解释外国直接投资的经典理论（Stoian and Filippaios，2008）。根据IDP理论，一国的外向及内向外国直接投资与该国的经济发展紧密相连，经济发展一般用人均GDP指代。一般将对外直接投资活动分为五个阶段。在第一个阶段，在欠发达国家没有任何内向及外向的外国直接投资活动。在第二个阶段，正在进行工业化的国家由于区位优势吸引了一定量的外国直接投资，但是其对外投资数量相当有限。在第三阶段，随着该国技术水平的提升以及国内市场的不断拓展，将会吸引大量的外国直接投资，并且基于国内的创新及其某方面的专长，会同时进行海外投资。在这个阶段，外商对本国的投资的量要高于本国对海外投资的量。在第四阶段，本国对海外的投资将超过吸引外资的规模。在第五个阶段，随着经济进入发达经济体行列，吸引的外国投资与本国进行的海外投资都达到峰值。

与一个国家的发展水平相关的变量都可以用来解释一个国家的外向对外直接投资。首先，基于IDP理论（Dunning，1981，1986，1988），一个国家的经济发展水平与其外向对外直接投资具有正向的相关关系。这一推论被后续关于发达国家的研究所证实（Barry et al.，2003；Bellak，2001；Buckley and Castro，1998），并且也被一些将发达国家与发展中国家放到一起的混合样本所证实（Tolentino，1993）。Andreff（2002）也指出对于转型国家以及发展中国家，经济发展水平是外向对外直接投资的重要决定因素。Stoian（2013）和Saad等（2013）用人均GDP指代一个国家的发展水平，发现其对外向对外直接投资具有正向的影响。

其次，IDP 理论指出技术要素是外向对外直接投资的另一个重要的决定因素。先进的技术使得本土公司在进行海外投资时具有竞争优势（Durán and Ubeda，2001；Lall，1996；Narula，1996）。这一影响关系被进一步的理论及实证研究所证实（Cantwell，1981，1987；Dunning，1993；Kogut and Chang，1991；Lall，1980；Pearce，1989），尤其对于发达国家这一影响更为显著。另外，Salehizadeh（2007）发现新兴经济体在进行海外直接投资时更倾向于投资到技术水平相近的经济体。Stoian（2013）以研发指代技术水平，发现中东欧国家的研发投入与这些国家的对外直接投资有负向的影响关系。

最后，IDP 理论也表明内向外国直接投资与该国的对外投资具有正向的相关关系。通过 FDI 的技术转移效应，提高本国公司的所有权优势，并进一步通过海外投资发展其所有权优势（Dunning，1981，1986，1988；Durán and Ubeda，2001；Stoian and Filippaios，2008）。而且，Stoian（2013）和 Saad 等（2013）使用实证数据验证了它们之间的这一相关关系。

汇率是外向对外直接投资的另一个决定因素。研究表明，来自强势货币国家企业的公司比弱势货币国家的对外投资更具有优势（Kohlhagen，1997）。另外，Kyrkillis 和 Pantelidis（2003）指出货币的升值会降低该国名义上的出口量，而该国会以投资来进行弥补。因此，一个国家的汇率应当与该国的对外直接投资具有一定的相关关系。

出口的收益会形成公司进一步海外投资的基础。另外，根据传统的产品生命周期理论，外向对外直接投资与出口之间具有互补的关系；出口产品在前期渗透国外市场，投资活动随后跟进（Vernon，1966）。然而，它们之间的时间间隔不断缩小，现在出口活动与外向对外直接投资几乎同时发生。这使得出口迅速地对海外投资产生支撑。因此，我们认为高水平的出口活动会对外国直接投资具有正面影响。

三　知识产权保护与内向外国直接投资的关系

在已有的研究中，知识产权保护与外国直接投资的关系是模糊的，这也是争论的热点。一些关于知识产权保护与外国直接投资的理论研究被南北动态一般均衡模型检验。比如，Lai（1998）和 Glass（2002）在他们的研究中得出了不同的结论。Lai（1998）使用一个拓展的创新模型，指出加强知识产权保护会吸引外资。然而，Glass 和 Saggi（2002）运用质量改进的创新模型，却得出了相反的结论。进一步，Glass 和 Wu（2007）将无成本的模仿引入质量改进创新模型，得出加强知识产权保护对创新及吸引外资都会产生负面影响。跨国公司在选择技术转移方式时有三种不同的选择：出口、外国直接投资和授权。跨国公司的选择取决于发展中国家的制度。一些其他的研究者认为，加强知识产权保护对创新具有推动作用，但是对于外商直接投资的吸引作用可能为正也可能为负（Chin and Grossman，1990；Helpman，1993）。发展中国家较强的知识产权保护会限制本地公司的模仿行为，从而会吸引外资。限制本地公司的模仿行为可以更好地保障跨国公司的利益。相反，加强发展中国家的知识产权保护也有可能因为增强了跨国公司的垄断行为，从而使得外国直接投资的量减少。当来自本地公司的模仿行为受到限制后，跨国公司可能会通过降低产出的方式获取垄断利润（Maskus and Penubarti，1995；Smith，1999）。并且，较强的知识产权保护也有可能使得国际技术转移从外国直接投资转向授权。一些学者运用重力引力模型来探索知识产权保护对外国直接投资的影响。Awokuse 和 Yin（2010）指出知识产权保护对中国吸引的外资具有重要影响。Hsu 和 Tiao（2015）发现知识产权保护对于亚洲国家对外资的吸引也发挥了重要作用。其他的一些研究利用不同的模型也得出了相似的结论（Lee and Mansfield，1996；Lesser，2002；Nunnenkamp and Spatz，2004；Du et al.，2008）。

第四节　竞争力理论

竞争力是学术界广泛讨论的一个概念，通常从公司水平、产业水平和国家水平三个不同的水平进行分析（Fagerberg，1996；Nelson，1993；Porter，1985；Roessner et al.，1996）。克鲁格曼（1994）指出竞争力与一个国家的生产率及经济发展紧密相关，而更多的学者认为一国的竞争力与该国生产产品在国际上的表现紧密相关（Fagerberg，1996；Lall，2001）。全球化正在改变市场的运行，技术的创新正在影响着贸易的好坏。Soete（1981）的技术差距理论表明技术表现会对出口的表现产生重要影响。在这一研究之后，其他学者使用专利、外国直接投资及研发作为技术的指代变量，探索了技术与其产品的国际市场份额之间的关系。一些研究从国家的角度进行（Fagerberg，1988；Amendola et al.，1993），也有一些研究从国家与产业交叉的角度进行（Dosi et al.，1990；Magnier and Toujas-Bernate，1994；Amable and Verspagen，1995；Landesmann and Pfaffermayr，1997；Wakelin，1998；Carlin et al.，2001；Laursen and Meliciani，2000，2002，2010）。所有的国家都在努力改变其产业结构以提升生产力，从而提升其在国际产业链中的位置，换言之，扩大它在国际市场上的份额，扩大本国就业并且增加技术密集型产品在国际市场上的竞争（Aharoni and Hirsch，1997）。在这一进程中，选择技术创新还是技术转移主要依赖于国家的发展水平（Gerschenkron，1962）。

许多因素会对一个国家的竞争力产生影响，一个经常被讨论的因素是劳动力成本。劳动力成本在众多影响因素中是相对不容易变化的一个因素。根据 Dosi 等（1990），贸易应当是劳动力成本和技术的函数。

技术差距及国际贸易阐述了宏观经济的非均衡：这些理论没有指向要素及商品市场，而是研究了不同部门间资源的分配。概括地讲，贸易及技术的变化与潜在的均衡和宏观因素的不完善的调节脱钩（Amendola et al.，1993）。非均衡的假设暗示了工资和专业化对比较优势有影响。因此，需要将纯粹的成本影响及工资所产生的成本进行区分。

其他一些关于竞争力的研究阐述了技术对竞争力的影响。从国家角度来看，Fagerberg（1988）发现技术因素尤其是专利、投资和研发对一国出口产品市场份额产生重要影响。而成本要素（单位劳动力成本）的影响却并不显著。关于单位劳动力成本的结果可用来解释“卡尔多”悖论（Kaldor，1978）。这一悖论强调第二次世界大战后出口及GDP快速增长的国家同时伴随着单位劳动力成本的增长。这一结论也得到了Amendola等（1993）研究的证实，研究表明技术对出口份额的影响是长期的，劳动力产生的影响却是短期的。

然而技术和成本在不同的产业所产生的作用也不相同。Greenhalgh（1990）、Magnier和Toujas-Bernate（1994）、Amable和Verspagen（1995）使用误差修正模型来估计长期关系。Greenhalgh（1990）发现相对价格有可能在一些行业与英国出口具有负向的影响关系。令人奇怪的是，传统产业比如纺织也是价格不敏感的行业。另外，创新对大部分行业都会产生影响，即使一些高科技行业未被列入清单中，也会具有这一影响。Magnier和Toujas-Bernate（1994）、Amable和Verspagen（1995）运用不同的指标指代创新（R&D、创新投资和专利），也得出了相似的结论。实际上专利在大部分行业中都具有重要作用，而不仅仅在高科技行业中发挥作用。这与Wakelin（1998）的结论相一致，他指出研发密度及专利在高科技及低技术行业中都发挥着重要作用。而由工资所指代的成本只在低技术行业中发挥作用。行业异质性可以很好地解释Carlin等（2001）的结论，所有部门混淆了技术发挥的作用。

在方法层面，以前的研究利用协整来探索技术的长期及短期影响（Greenhalgh，1990；Magnier and Toujas-Bernate，1994；Amable and Verspagen，1995）。另外，Landesmann和Pfaffermayr

(1997) 发展了一个“接近理想的需求模型”来研究出口需求是如何受到单位劳动力成本和研发支出影响的。Dosi 等 (1990) 利用截面数据来估计创新和劳动力成本对出口的影响。总的来讲，都证实了不同程度的创新会对国际贸易的结构产生不同的影响。

最近一些研究研究了技术外溢对出口产品市场份额的影响。Laursen 和 Meliciani (2000) 采用动态模型说明了本国上下游研发联系会对出口份额产生影响。然而，国际之间技术联系并未对出口产生影响 (Laursen and Meliciani, 2002)。另外，Laursen 和 Meliciani (2010) 聚焦于 ICT 产业，发现国内及国际的知识流动都会对出口份额产生积极影响，而对于非 ICT 产业只有国内的技术流动才会产生影响。另外，从国家角度看国际技术转移对竞争力会产生的影响 (Alvarez and Marin, 2013)，而从产业层面看，这一影响也存在 (Kevin and Zhang, 2014)。

第五节　文献述评

通过本章对出口升级、外向对外直接投资和知识产权保护相关问题研究文献的归纳和描述，可知对知识产权保护与出口相关问题的研究内容主要集中于东道国知识产权保护与出口数量间的关系研究、东道国知识产权保护与吸引外国直接投资间的关系。

一　研究现状描述

在出口质量影响因素方面，主要分析了经济的发展、技术创新、国际技术转移以及一些宏观制度变量的影响，这些分析主要集中于对因果关系的研究。经济发展使得本国拥有广阔的市场，市场容量越大越促使生产商改进产品质量；技术的创新和转移使生产商将先进技术运用于产品生产，从而提高产品质量。宏观制度的作用表现为降低企业运营成本，并提供公平竞争环境，企业会将更多资源投入产品的改进。用到的方法主要有协整理论、格兰杰因果检验等，这些理论与实证研究成果为进一步更深层次理解和研究母国知识产权保护与出口质量的关系奠定了研究基础。

在出口成熟度方面，通过以上文献描述可知出口成熟度主要影响因素为要素禀赋、技术创新和技术转移。一个国家在产品生产方面，应当根据已有的禀赋特征进行产品生产，更有利于生产成熟度较高的产品；创新活动和外部技术的吸收使得产品具有较高技术含量，产品更趋成熟。研究方法上主要使用了计量方法，如混合最小二乘（POLS）、固定影响（FE）和随机影响（RE）等模型。这些研究成果都能加深对出口成熟度指标计量及其影响因素的理解，便于进一步深入探讨。

在外向对外直接投资方面，通过以上文献分析可以发现 IDP 理论可以很好地解释一个国家的对外投资活动。IDP 理论中的主要影响因素为经济发展、技术水平、技术转移。研究方法上主要使用了计量方法，主要包括固定影响（FE）、随机（RE）影响和混合最小二乘（POLS）等模型。基于对 IDP 理论的理解可以从影响经济发展和影响一国技术进步的影响变量进行深入剖析。

在出口竞争力方面，通过文献分析可知，可以解释一个国家竞争力的理论包括技术差距理论、中间技术理论、需求关系理论、技术转移选择理论、技术转移内部化理论和技术寿命周期理论，而从贸易角度出发，最主要的影响因素是劳动力成本和技术发展两方面。由于劳动力成本优势具有可替代性，若要持续提高竞争力则需从技术角度来分析影响竞争力的因素及其机制。

二　研究启示

基于上述文献研究成果，对本书的研究主要有以下几方面的启示。

从出口升级（包括出口质量和出口成熟度）的影响因素方面，可以发现本国技术创新以及国际技术转移都有影响。要素的投入到一定阶段，若要保持经济持续发展则要转向效率驱动，也就是通过体制的改革提高经济的运行效率。尽管一些会影响市场竞争规则的制度变量（如法律法规）已经有所讨论，但对影响本国技术积累的知识产权保护制度还未曾涉及，知识产权保护显然会通过影响企业技术积累而影响产品升级，因此需要进一步探索其作用机制。通过对已有文献梳理发现，知识产权保护强度越强越有利于到本国的研发活动，也就是说知识产权保护与研发（包括研发投入和产出）会呈现正相关关系；另外，知识产权保护的增强实际上创造了很好的营商环境，许多公司的投资及产品出售市场的选择都会考虑该区域的知识产权保护，这表明知识产权保护与该国吸引外资和进口也表现为正向的相关关系。而研发、吸收外资和进口产品都会对出口升级具有推动作用，因此这三者在知识产权保护与出口升级之间可能会产生中介效应。

在外向对外直接投资方面，技术对投资活动的影响主要表现在技术的不断积累会对企业所有权优势产生影响，企业的技术优势成为其拓展海外市场的重要基础。无论对于企业创新激励还是吸收外资企业的先进技术，知识产权保护制度都会产生影响，因此对于本国企业所有权优势也必然产生影响。通过对知识产权保护相关文献的梳理，知识产权保护强利于本国的研发活动，也就是说知识产权保护与研发活动会呈现正相关关系。另外，知识产权保护的增强实际上创造了很好的营商环境，知识产权保护与内向外国直接投资具有正向的相关关系。而研发和吸收外资都会对外向对外直接投资活动产生正面影响，因此这两者在知识产权保护与出口升级之间可能会产生中介效应。

在竞争力方面，从出口产品在国际市场上的竞争力的角度分析，劳动力成本和技术优势起主要作用，技术优势的获取途径包括创新和技术转移。作为一种特殊形式的技术转移，归国移民不仅能够带来当下国外的先进技术，作为一种特殊的人力资本，还能够持续为本国创新提供动力，这些都需要母国良好的知识产权保护来作为吸引移民归国的制度诱因。母国知识产权保护本身提供的制度激励有利于竞争力的增强，而移民流出对竞争力会有负面作用，因此知识产权保护对移民（技术转移）与竞争力间的关系会产生正向调节效应。

第三章

贸易、OFDI 和知识产权保护的经验事实

第一节　贸易的经验事实

一　世界各国贸易长期变动情况

世界贸易在 2015 年年初保持较为温和的增长，而在过去的三年中则表现为较弱的增长。每年商品贸易的增长率在这几年中都非常小，2014 年为 2.5%，2013 年为 2.5%，2012 年为 2.2%。发展中国家及新兴经济体在 2014 年要比发达国家贸易增长得更快，前者增长了 3.1%，后者增长了 2%。然而，发展中国家的进口增长要比发达国家慢，前者增加 1.8%，而后者增加 2.9%。2015 年第一季度的数据也表明发达国家的进口需求增长在加速，而发展中国家在减速。

2014 年，世界商品贸易与世界 GDP 都增长了约 2.5%，二

者基本持平（见图 3-1）。这也是连续第三年贸易量的增长率低于 3%。2012—2014 年贸易的平均增长率为 2.4%，创下了连续三年的最低增长纪录。

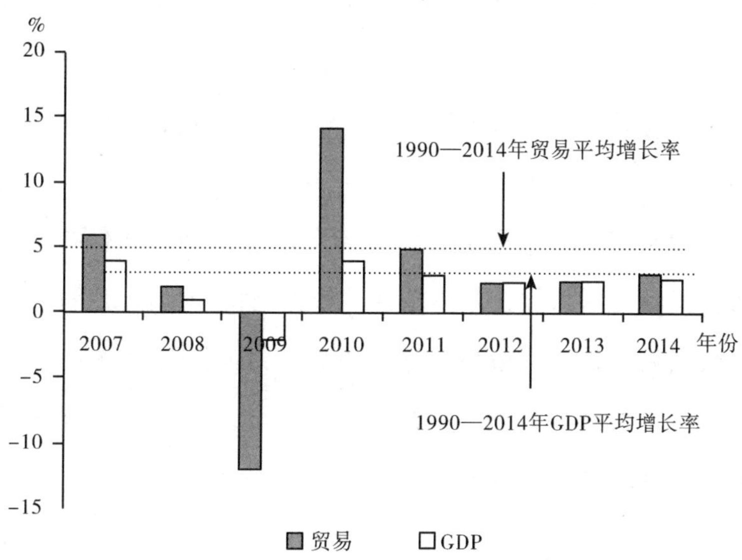

图 3-1　2007—2014 年全球货物贸易及 GDP 增长率

有几个重要的因素导致贸易及经济产出的迟缓，包括新兴经济体缓慢增长的 GDP、发达国家不平衡的经济复苏及日益紧张的地区局势。同时，剧烈的汇率波动，尤其是美元对其他货币强势升值 15%，使得国际贸易前景变得更为复杂。2014 年，世界石油价格出现的滑坡（7 月 15 日到 12 月 31 日下跌 47%）及其他类别商品的颓势影响到出口国票据收款，也降低了出口国的进口需求。2015 年年初的贸易状况稍好于 2014 年，但希腊主权债务危机、新兴经济体经济增速下降及美联储加息都对贸易产生了较大压力。

2014 年，世界贸易进出口产品的平均值以数量计算增长率是 2.5%。该年贸易的扩张速度低于专家预期。许多因素导致了一开始的高估，而这些因素都是一开始没有预估到的。比如，2014 年 7 月后出现的大宗商品价格的下滑未能被预见，并在以前的经济分析中也未能被预言。石油价格的下跌主要受到北美的冲击，相比而言新兴经济体对石油需求的降低所起的作用较小。

2014 年年初，大部分经济学家预测美国经济将保持增长的趋势，而欧元区将保持基本增速。根据对两个地区经济的预判，贸易会出现增长，但最终却未能如愿。美国强弱交替的 GDP 增长实现了平均增长预期，而欧元区内的贸易却表现平平。地区紧张局势和自然因素也对 2014 年贸易产生重要影响。乌克兰危机持续了一整年，影响了其与俄罗斯的贸易，同时，俄罗斯与美国及其他欧洲国家的贸易也受到巨大影响。中东地区的冲突加剧了地区的不稳定，埃博拉病毒袭击了非洲西部地区。2015 年美国贸易的衰退则主要由于异乎寻常的严冬及港口的罢工。

在 2015 年开局的几个月中，大量的经济数据（如 GDP 和商业情绪）都显示出欧盟复苏、美国经济走强以及新兴经济体经济的放缓。欧元区在经历了前三季度 0.7%的增长后，第四个季度以及 2015 年第一个季度经济增速达到 1.6%。同时，美国在经历了前三个季度的稳固增长后，第四个季度则出现了加速。新兴经济体的表现却形成鲜明对比，中国的 GDP 增速到 2015 年第一季度已经连续三个季度出现下降，比较乐观的是与其他经济体相比增长依然十分强健。与此同时，印度的经济增长提速至 8.7%，而巴西则出现 0.8%的下滑。同时，俄罗斯的经济活动 2014 年整年及 2015 年第一季度都非常虚弱。

(一) 2014 年贸易发展总体情况

商品和服务贸易数据说明以美元计世界商品贸易出现了停滞。出口仅仅增长了 0.6%，达到 189300 亿美元，这一增长率比以商品贸易按数量计低了 1%还要多。这反映了进出口产品价格的下降，尤其以基本的大宗商品最为显著。

与之形成对比，以美元计的商业服务贸易的出口表现较为强劲，2014 年增长了 4%，增至 48500 亿美元。

比较引人注目的是 2014 年贸易流动较少的大多为资源类商品出口地区。南美洲地区、非洲地区和中东地区的贸易都出现较大下滑，大宗商品价格下跌导致出口收益下降。南美地区进口迅速下降也反映了其引领经济作用的衰退。

(二) 季度商品贸易发展情况

对于其他不出口资源的国家而言，贸易数量的统计可以很好地反映贸易发展情况。WTO 和 UNCTAD 给出了一些短期贸易统计数据，包括季节性的商品贸易。图 3-2 和图 3-3 说明了商品贸易的发展水平。

若以数量来计，2014 年前半年与 2013 年前半年相比全世界出口只增长 2%，但后半年增长了 3.4%。发达国家和发展中国家出口在前半年都非常慢。

近些年来，欧盟日益减少的进口对世界贸易都产生了很大

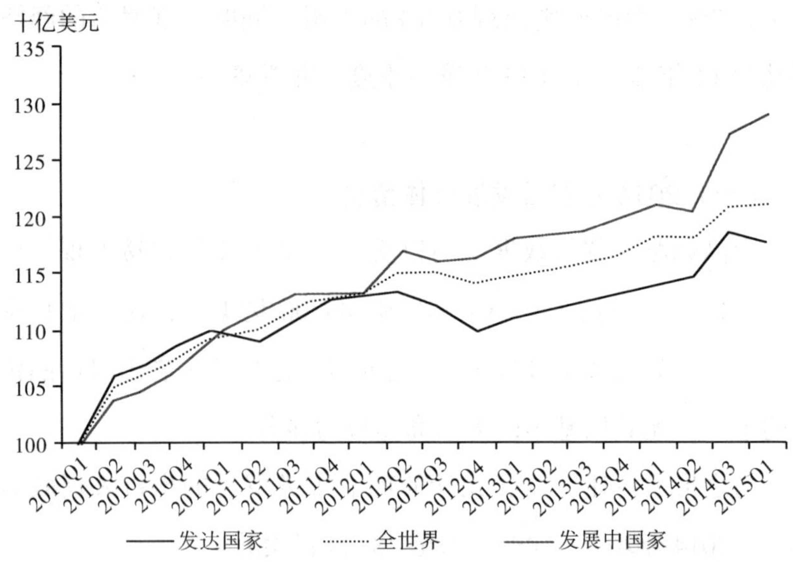

图 3-2　2010—2015 年商品贸易出口情况（季度数据）

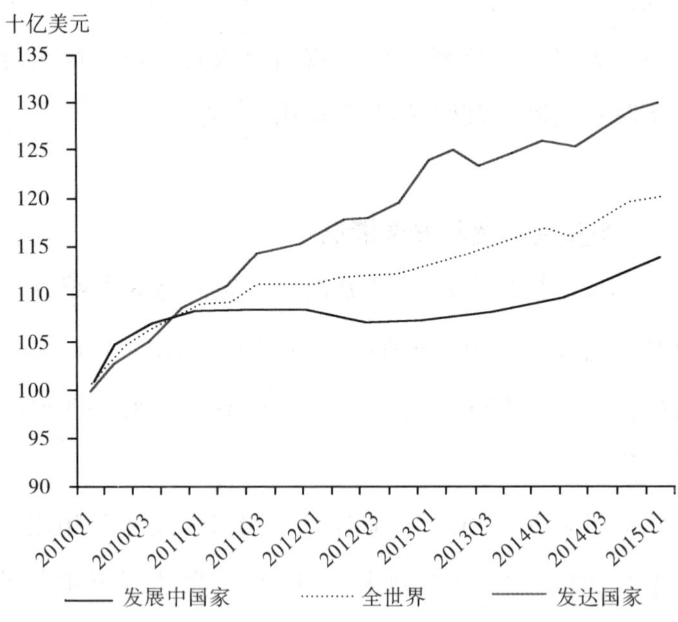

图 3-3　2010—2015 年商品贸易进口情况（季度数据）

影响，这主要由于欧盟的进口在世界贸易中所占的比例较高（见图 3-4）。

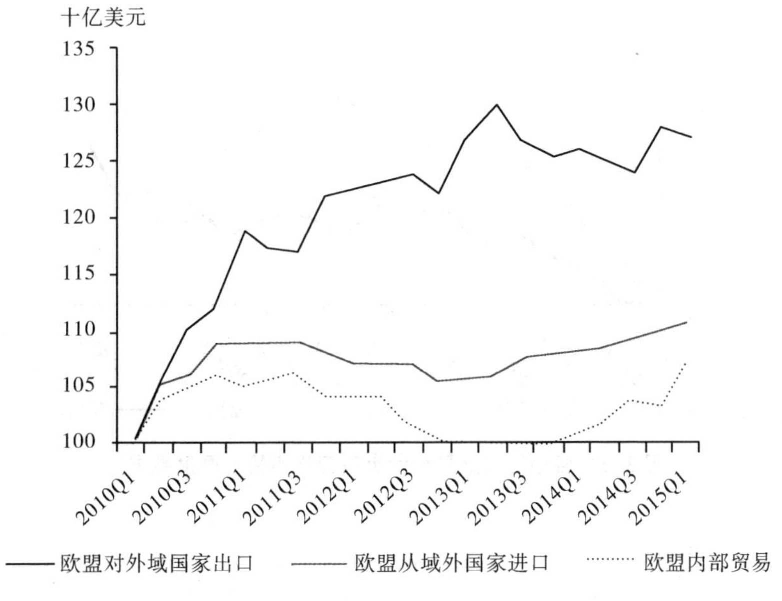

图 3-4　欧盟贸易数据（季度数据）

欧盟国家对欧盟外国家的出口量在 2014 年基本保持平稳，主要由于其贸易伙伴的需求锐减，而欧盟国家总体进口逐步恢复，与前一年相比增长了 3.2%。但是进口到年终的时候却出现停滞，在第四季度出现了零增长的情况。全球贸易的复苏将强有力地依赖于欧盟经济是否能够首先复苏。

图 3-5 和图 3-6 给出了各地区贸易按数量计量的发展情况。亚洲和北美地区的出口在 2014 年增长最快。来自南美和其他地区的出口几乎稳定不变，这很有可能是由于石油和其他自然资源的贸易对价格变化并不敏感。欧洲出口增长缓慢也是受到了这些地区进口需求较弱的影响。

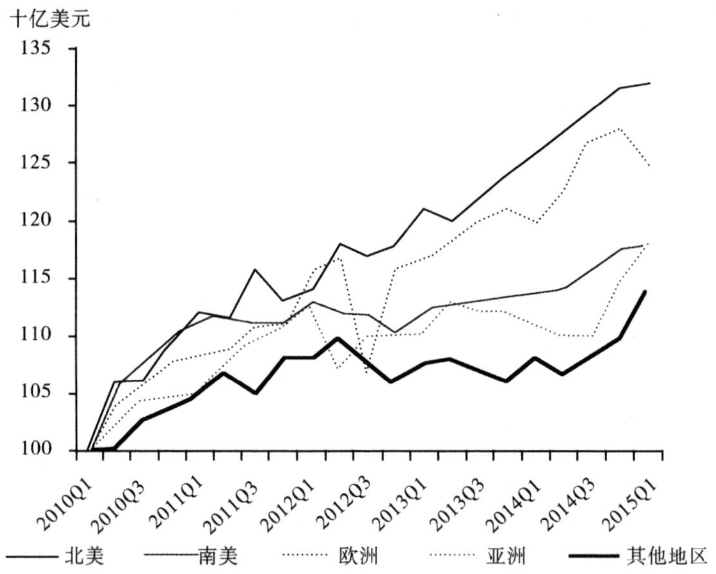

图 3-5　各地区以数量统计出口变化趋势（季度数据）

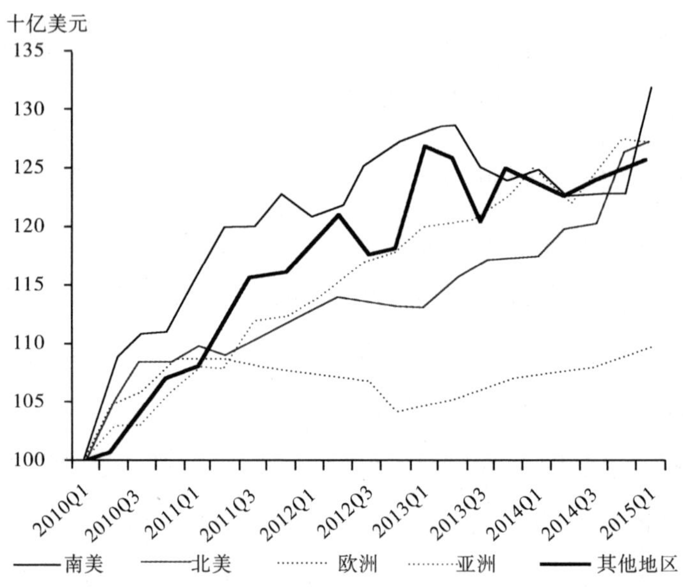

图 3-6　各地区以数量统计进口变化趋势（季度数据）

北美 2014 年进口保持了稳定的增长，而亚洲的进口在第二个季度却出现了衰退。尽管大宗商品价格出现滑坡，但其他地区下半年进口却出现了增长。南美地区进口在 2013 年第二季度达到顶峰后一直持续着下滑趋势，在 2015 年进口出现了短暂的急剧反弹。欧洲进口持续受挫，仅仅达到 2011 年第三季度的水平。

图 3-7 给出了制造业的某些产业的产品的年增长率。到 2014 年第四季度，钢铁贸易与 2014 年同期相比增长了 2.4%，而办公室通信设备则要高出 3 个百分点。然而，按美元计的其

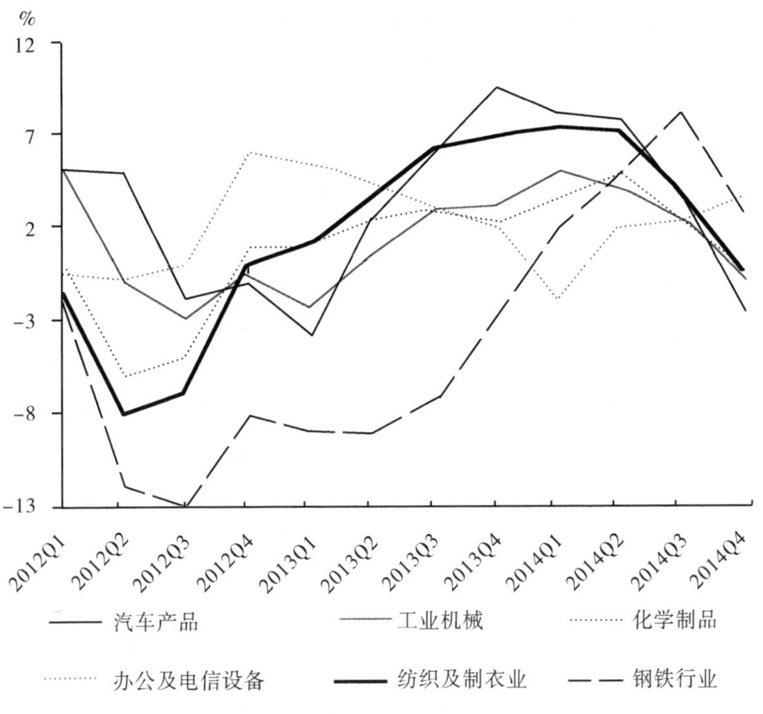

图 3-7 分行业贸易变化趋势

他制造业产品在第四季度出现了负增长，衰退幅度在1%—3%。从国际金融危机开始，汽车产品贸易成为贸易的重要衡量指标。随着对于汽车需求的降低，像中国一样的汽车出口国会面临着海外产品需求萎缩的情况。

（三）商业服务贸易的发展

图3-8给出了WTO按地理分区的出口服务贸易的总体情况。2014年所有地区服务业出口都经历了温和的增长，增长率在1%—5%。以全球整体水平看，2014年服务贸易最差的是制造业的服务贸易，以出口计算其下降了7.6%。同时，其他商业服务业，如占全球服务贸易总量52%的金融业则增长了5.1%。

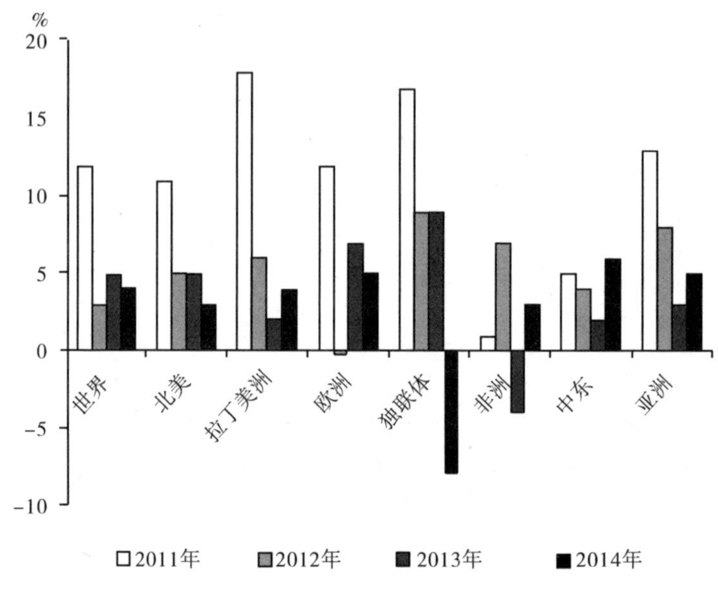

图3-8　商业服务业贸易出口增长率

二 世界各国贸易近期变动情况

以美元计的2015年前半年贸易在许多国家都出现了急剧下滑的状况，比如，截至4月以美元计算的欧盟对欧盟外国家的出口下降了12%，进口同比下降了19%。1月，欧盟对域外国家的出口达到了自2010年4月以来的历史最低水平，4月的进口也下降了19%，这次衰退的主要原因可以归咎于美元的升值，这使得以其他货币估值的贸易被低估，更低的原油价格使得给定数量的出口的价值不断下降。与之相对应的，若贸易以欧元进行估值，欧盟与域外国家的出口增长12%，而进口则增长了4%。

汇率和石油价格不能解释2015年第一季度的衰退情况，一些国家的贸易情况在2015年前半年实际上与宏观情况相分离。按数量统计全球季度贸易增长率为0.7%，这与年均增长2.9%正好吻合。按数量统计与按美元统计的贸易数据之间的巨大分歧需要充分考虑到商品价格的不断波动。

重新看图3-2，我们可以看到2015年第一个季度以数量计的进口需求正在减慢，但发达国家的进口需求却稳健增长。从出口角度看，来自发达国家的出口出现下滑，而来自发展中国家的出口却出现了升高。总体来讲，世界贸易增速从2014年第四季度的1.8%下降至2015年第一季度的0.7%，但仍保持正向的增速。一些亚洲国家进口出现衰退，从2014年第四季度的2.1%下降至2015年第一季度的-0.3%。北美和其他地区的进口需求也增长缓慢。

三　世界各国贸易总体分析及思考

美国经济已经从萧条走向复苏。美国经济持续走强可以带动全球的需求，并促进贸易的复苏。相反，若美国经济表现出现下滑，现在还难以找到其他可以刺激出口需求的引擎。紧缩的货币政策以及低油价导致能源行业投资下降，可能会对美国的经济产生不良影响。

欧盟的经济状况在 2015 年年初有所改善，但失业率依然高企。希腊债务危机始终威胁着欧盟金融稳定。

中国经济的前景也变得很不确定。2014 年 7.4%的增长在过去 24 年中是增速最低的，而且中国政府还在下调经济产出预期，经济增速虽然可能会继续超过其他较大的经济体，但相较于过去边际增长会不断减小，这也暗示了中国对于进口的需求会越来越小。

若较低的石油及大宗商品价格对进口的正向影响超过对出口的负面影响，价格因素则会对全球 GDP 及贸易产生积极的影响。最近大宗商品价格下滑幅度列在图 3-9 中。如果欧洲央行宽松的货币政策能带来欧元区经济的强健复苏，那么世界贸易增速将超过原有的预期。欧盟需求的增加会导致全球贸易不成比例增加，这是由于欧盟成员内的贸易在统计中作为国际贸易来统计。

无论从地区角度分析，还是从行业的角度分析，当前各国家的进出口都面临着增长乏力的状况，甚至一些以大宗商品为主要出口产品的国家，其出口出现了衰退的迹象。这些都反映

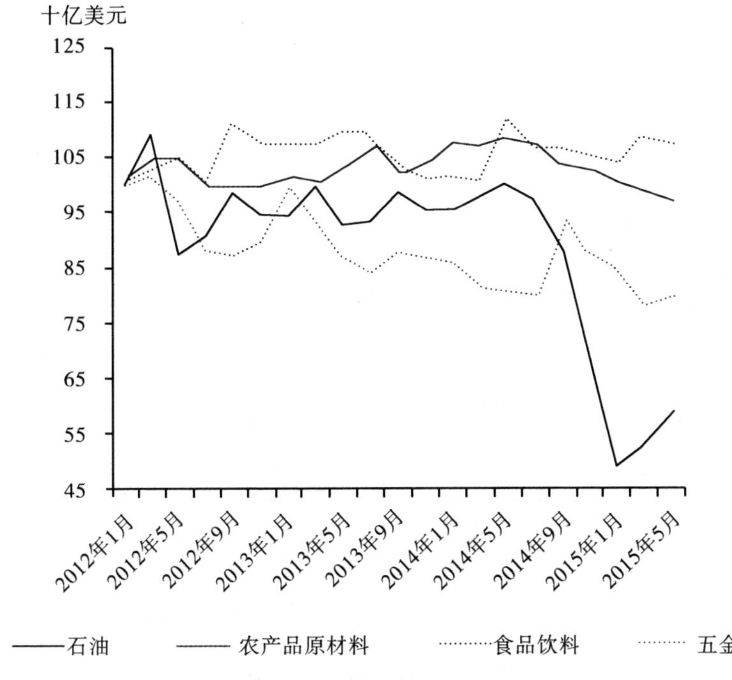

图 3-9　大宗商品价格趋势（季度数据）

了当前生产的产品并不能很好地满足人们的现实需求。要拉动人们的需求，增加本国出口，就需要对产品进行升级。

第二节　OFDI 的经验事实

一　发展中国家和发达国家的投资趋势

2014 年，来自发展中国家的对外投资达到 5000 亿美元，与 2013 年相比增长了 30%，在全球对外投资的份额中占据 36%，这与 2007 年的 12%相比翻了 3 倍（见图 3-10）。

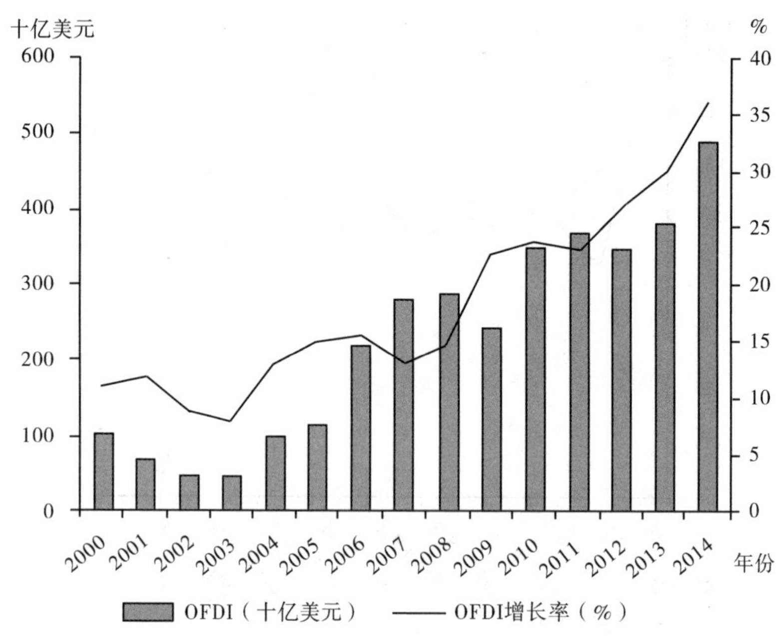

图 3-10　发展中国家 OFDI

亚洲发展中国家第一次变成了世界上最大的发展中国家对外投资来源，达到了 4400 亿美元。来自发达国家的投资基本上稳定在 7920 亿美元，欧洲、北美地区表现为温和增长，而日本则出现了 16%的衰退。发展中国家对外投资主要是以股权的形式进行，而发达国家超过 4/5 的外国直接投资是以其收益进行再投资，资金来源主要为国外分公司的现金储备。

跨国并购在 2014 年已经达到 3990 亿美元，与 2013 年相比增长了 28%。外国并购风潮出现了相似的景象，来自发展中国家的企业积极并购发达国家在发展中国家设置的子公司。

绿地投资仅增长了 7%，达到 7440 亿美元，这一增长主要来自发展中国家企业。来自发达国家的企业的绿地投资占比依然巨大，达到 66%。

UNCTAD 估计跨国公司的胃口还会持续增长，这一判断主要来源于对美国经济的良好预期、欧洲积极的财政政策及公司充足的现金流。而跨国公司本身却比较谨慎，他们主要考虑到一些新兴经济体的脆弱、汇率波动及地区紧张局势。

2014 年，来自发展中国家的对外投资活动增长了 30%，达到了 4860 亿美元（排除转型经济体及加勒比地区离岸金融中心）。在发展中地区，来自亚洲、拉美和加勒比地区的企业增加了对外投资，而来自非洲国家的企业则减少了其投资。亚洲发展中国家的对外投资占到了全世界的 1/3，成为最大的对外投资者（见图 3-11）。

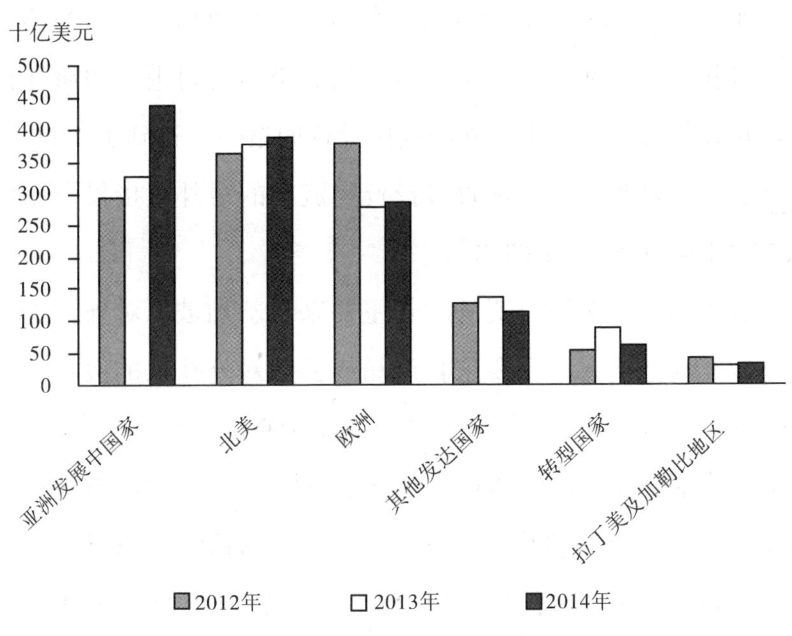

图 3-11　主要经济体对外直接投资

2014 年，来自发展中国家的企业继续扩大海外投资活动，经济的降速使得这些国家的公司更加多元化地进行投资。而来自发达国家的企业热衷于跨国并购及大规模撤资。

在发展中经济体，超过一半的对外投资活动是以获取股权的方式进行的。而发达国家的对外投资活动是以使用海外分支机构的现金收益进行再投资的形式进行，这种形式的投资占发达国家投资的 81%。

2014 年，对外投资规模最大的前 20 个经济体中有 9 个来自发展中或转型国家或地区，包括中国香港、中国大陆、俄罗斯、新加坡、韩国、马来西亚、智利、科威特、中国台湾（见图 3-12）。

在东亚，由中国香港跨国公司进行的海外投资达到了历史最高水平，达到了 1500 亿美元，使其成为仅落后于美国的第二大对外投资经济体。同时由中国大陆的跨国公司进行的海外投资的增速超过了其吸引的外国直接投资的增速，达到了 1160 亿美元，使得其吸收的外国直接投资与流出的对外直接投资比例从 11∶1 降到了 1∶1 的比例。

在东南亚，对外投资的增长主要来自新加坡，对外投资规模达到 410 亿美元，主要来自淡马锡公司对外获取的股权。马来西亚的对外活动也出现增长，达到了 160 亿美元。

在南亚，来自印度的对外投资活动与 2013 年的下滑相比出现了反弹，其对外投资活动增长了 5 倍，达到了 120 亿美元。由于印度经济的恢复，使得其大型跨国公司积极地拓展海外业务。

2014 年来自西亚的投资活动增长了 16%，这一增长主要来

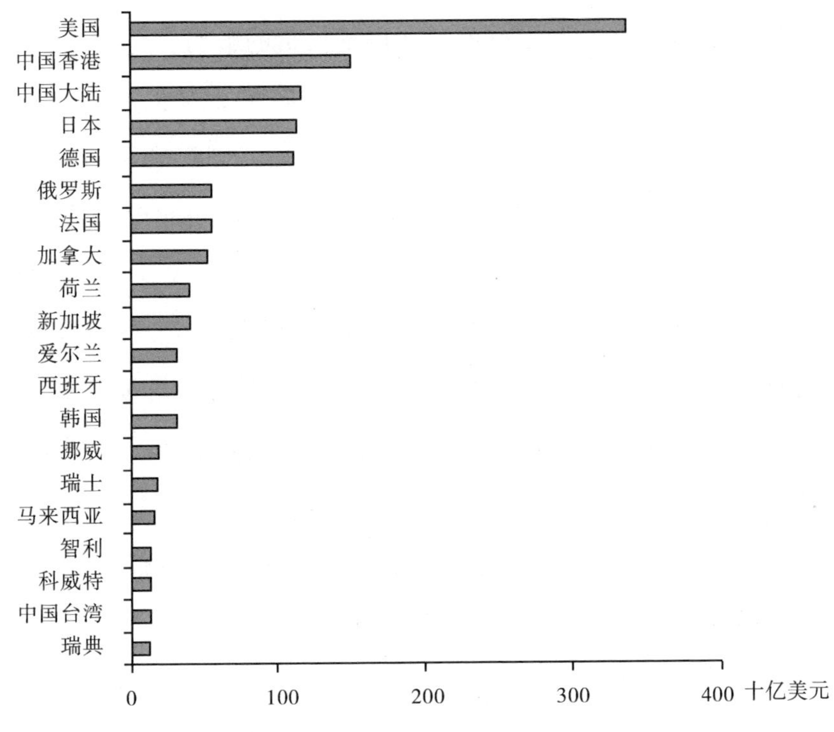

图 3-12　对外投资规模排前 20 的经济体

自科威特的对外投资活动，其对外投资额达到了 126 亿美元。土耳其跨国公司的对外投资活动跨越式地增长了 89%，通过股权投资的方式增长了 67 亿美元。除了 2013 年出现下滑，近些年土耳其的对外投资活动一直都在持续增长。

来自拉丁美洲及加勒比海地区的投资活动在 2014 年增长了 14%，达到了 350 亿美元。这一迅速增长主要来自智利跨国公司的对外投资活动，增长了 51%，公司内部的贷款业务使得对外投资活动达到了 130 亿美元。巴西跨国公司持续地进行债务支付或者从海外分支机构进行贷款，这连续四年对其进行海外投资活动产生了负面影响。墨西哥的对外投资活动减少了42%，只有80亿美元，这主要受到公司内部借贷的影响。

2014年来自非洲的对外投资活动下降了21%，下降到110亿美元。南非的跨国公司主要投资于电信、矿产和零售行业，尼日利亚主要投资于金融服务业，非洲各国之间的投资活动增长较为显著。

来自转型经济体的对外投资活动减少了31%，下降到630亿美元。来自俄罗斯的资源型的跨国公司对外投资明显减少，这主要受到国际金融市场波动、大宗商品低价格及卢布贬值的影响。

来自发达国家的跨国公司的对外投资达到792亿美元，与2013年相比基本保持不变，但这种静态的趋势掩盖了新投资的增多及原有投资的减少。

来自欧洲的对外投资活动保持稳定态势，仅增长了2%。德国和法国对外投资为正增长，而英国、卢森堡和意大利为负增长，从总量上来看两者相互抵消。2014年法国成为欧洲最大的对外投资国。除了公司内部的借贷，德国和法国的公司也在积极地进行海外并购活动，比较著名的例子包括德国贝尔公司以142亿美元收购美国默克公司的健康消费业务；法国施耐德电气以50亿美元收购英国的制造商英维斯集团；英国沃达丰公司从威瑞森无线电撤资显示了英国的资本外流。意大利跨国公司的撤资主要源于埃内尔公司从俄罗斯的石油公司及意大利和瑞士的零售业的减持股份。卢森堡的对外投资活动也出现了急剧下降，同样是由于公司内部的借贷问题。

在北美，加拿大跨国公司资产并购活动活跃，比如恩卡纳公司对美国石油及天然气的竞标以及速龙能源的勘探使得其对外投资达到了530亿美元。来自美国的对外投资增长了3%，达到了337亿美元。

来自日本的对外投资活动下降了16%，尽管日本的跨国公司在美国的投资快速增长，但在亚洲主要地区及欧洲的投资却在急速下降。

二　跨国并购及绿地投资情况

2014年，企业并购交易额度增长了28%，达到了3990亿美元。这一增长同时来自发达国家和发展中国家。

在2014年，发达国家跨国公司的并购增长28%，达到了2280亿美元，其并购目标90%是发达国家的企业。在基本行业及服务业投资的衰退多于在制造业（主要为化工）行业的增资。大量的并购发生在医药行业，比如美国沃尔格林公司以153亿美元收购了瑞典联合博姿剩余55%的资产。

发展中经济体的跨国并购增长了27%，达到了1520亿美元，持续地对发达国家的公司及资产进行收购，这些活动也可能在发展中经济体进行。比如中国香港一家公司收购了秘鲁的斯特拉塔公司——这是瑞典佳能国际的一家分公司；阿联酋航空公司收购了法国维旺达集团的一家国外分公司。

与跨国并购不同，绿地投资项目增长缓慢。绿地投资以发展中国家为主，而发达国家在绿地投资方面增长十分缓慢。发展中国家绿地投资占到了 80%（见图 3-13）。

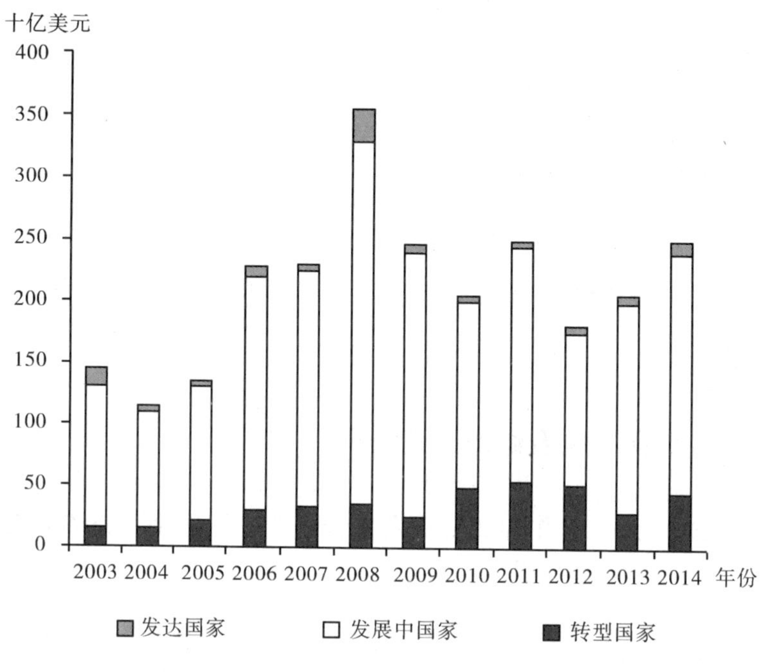

图 3-13　绿地投资在不同分类国家的投资额

北美日益改善的宏观经济条件、欧洲积极的货币政策以及投资自由度的增加将会改善跨国公司的投资意愿，但是地区的不稳定及大宗商品价格的下降都会对对外投资产生不利影响。

通过以上分析可以看出，对外投资活动在发展中国家出现了快速增长，而在发达国家则增长趋缓。对外投资活动的目的多种多样，一部分是要获取国内需要的资源或优质资产，更多的是以市场为导向获取更多的利润。无论对于发达国家还是对于发展中国家，积极拓展海外市场都对企业的发展具有战略意义。宽松的货币政策与资产荒之间的矛盾越来越突出，企业寻求新的利润增长点也成为十分迫切的问题。

第三节 知识产权保护对经济发展影响的经验事实

一 知识产权保护在已有重大技术发展中发挥的作用

对经济具有推动作用的政策对世界各国政府都是必要的。持续的经济增长能够改善生活水准、创造就业并且减少贫困。但经济增长并非灵丹妙药，只有恰当引导才能实现社会稳定、人类健康及环境可持续。持续的经济增长并非想当然发生，自2008 年金融危机后经济日况愈下。经济最终会恢复增长，还是会长期处于低增长的新常态？一部分要依赖于创新对经济增长的驱动。历史上，技术创新的重大突破都给予了经济长期根本性的扩张增长，这些重大突破改变了产品的面貌，使人类社会由农耕社会进入以工业及服务业为基础的社会。创新在 21 世纪进入前所未有的繁荣，但这些创新能否成为将来的增长引擎有待检验。

知识产权是创新与经济增长的核心纽带。关于知识产权保护对经济增长的重要作用已有较多论述。然而，知识产权保护通过哪些渠道对经济增长起作用则十分复杂，这会因为技术及知识产权形式的不同而产生复杂变化。通过回顾经济发展历史中知识产权保护对创新的作用进而影响市场经济行为，可以分析 IPR 在新兴技术中可能具有的影响。

本节主要呈现知识产权保护对历史上三个重大技术突破的

影响及其在经济增长中发挥的作用。这三个主要的创新为大飞机、抗生素和半导体。而近期具有潜力的重大技术变革可能为3D打印、纳米技术及机器人。通过本节的梳理会发现知识产权保护对政府以及商业行为均会起到重要影响，政策制定者需要确保知识产权系统能够引导出重大创新突破的生态系统。在工业革命初期，知识产权系统不断调整并适应新兴技术的需求与挑战，这其中知识产权保护便发挥着重要作用。

大部分学者在研究飞机历史的时候，给予专利的关注度不高。由于当时的环境因素及政府对大批量飞机的生产需求，政府对于飞机产业的发展起到关键作用。这样的需求反映了飞机在军事上的重要性，这使得飞机制造业在20世纪时在众多知识密集型行业中显得非常独特。另外，没有证据表明在飞机技术中有“封闭”专利，这是由于飞机创新涉及整合优化许多复杂的子系统技术，比如电子和材料技术。尽管无法评价专利对飞机产业作用究竟有多大，但其在飞机产业早年的发展中确实起到了重要作用。在一定程度上，专利帮助早期投资者收回投资收益，并起到鼓励该技术流向国外的作用。

知识产权在抗生素的发展过程中起到了不同的作用，有许多事实可以证明知识产权保护的潜力和局限。其中，一些科学家对发现及生产方法申请了专利，但也有许多抗生素类药物未申请，抗生素的重大发现也极大地影响了知识产权系统。

专利的目的之一是通过赋予发明人独占权而促进创新，这为贝尔开发磺胺类药物提供了必要的激励。在没有专利赋予贝尔专有权的情况下，他仍能够从磺胺类药物中获取巨大收益。

贝尔确保了其首创药物的有利竞争地位、品牌名字以及很强的销售能力，商标的认可对于贝尔来说更有回报。

另外，对知识产权的保护实际上提供了技术披露的框架，方便了人们的合作。通过赋予前期研究者收益，专利成为学术界跟产业界合作合成青霉素的桥梁。

在半导体方面，通过不同阶段的创新和商业化，专利的专有性以及知识产权策略都在不断演进。它们具有特定的角色，有着独特特点，而且在不同国家之间有着巨大差异。

半导体方面的知识产权经历了四个阶段：1900—1940 年主要是一些学术研究的个体进行专利申请，他们促进了知识的发展；1940—1980 年，各国均有相当数量的专利，交叉许可非常活跃；1980—1984 年，由于产业政策改变及贸易战的爆发，使得曾经活跃的专利交叉授权转变为公司独占；1984 年以后半导体专利大量涌现，此时专利策略转变为以防止诉讼为主。

总结以上对人类发展影响至深的技术可以发现，首先，知识产权保护了创新活动，使其可以受益；其次，构建了一个人类可以共享知识的创新系统；最后，知识产权系统也会随着新技术的涌现不断自我调整。

二　知识产权保护在未来重大技术变革中可能发挥的作用

对于有着极大潜力的技术，知识产权系统也会比较复杂。一个全面而系统的 3D 打印系统将会涉及不同的知识产权：3D 打印组件、过程、原材料、3D 制造生产过程的商业秘密、控制软件的版权保护、3D 标的物的设计保护和 3D 产品的商标保护。

每一种知识产权与其他知识产权的结合都在产业和个人层面影响着3D打印技术的创新，这很有可能会影响到未来的创新。这不仅会影响到初期的研发投入能否收回成本，也关系到这些技术创新能否很好地扩散。

前期3D打印技术需要依赖专利系统来确认其发明的新颖性，使得他们在市场上有立足之地。他们当中许多人基于自己的专利发明开办公司，随后进行商业化活动。因此，专利实际上帮助投资者确立了在市场上的地位，并且对产业的发展起到了推动作用。尽管目前3D打印产业存在并购，但领先的公司现在仍在很好地生存。

许可对于3D技术从研究机构到产业、公司的扩散，甚至跨国的技术扩散起到了至关重要的作用。一些许可旨在将发明实现商业化，而其他的一些则是在产业内更广泛地共享。

专利对于预防竞争对手对技术的模仿究竟起到多大作用，这很难确定。一方面，3D打印系统（在产业和个人市场上）进行工程还原非常困难。即便是原材料，也倾向于专有化，由一些特定的公司控制供应，这反过来会增加模仿的成本。另一方面，现在已经有许多使用不同原料及工艺的3D打印技术。对每种3D打印技术的需求会随着应用的需求和种类的不同而不断变化。因此，它们不会彼此直接竞争，也不会侵犯彼此的技术独占权。

知识产权保护是如何与3D打印市场相联系，发明者是受到个人需求、内在动机和荣誉目标还是利益的驱动？无论受到何种动机的影响，都离不开知识产权。

首先，如果没有早期产业市场分块发展，个人 3D 打印技术将不会有推进。许多个人 3D 打印技术是原来大型公司在部分产业当中使用的技术。这些专利技术的到期可能是个人 3D 打印市场兴起的原因。其次，尽管这些制作工艺作为公开资源运用与相关的专利到期不谋而合，这些发明的未来改进仍在各种知识产权保护下进行。最后，由个人创作并下载的设计文件受到版权的保护，个人可能会选择对打印的工艺品进行保护。

规模化的产业市场与个人 3D 打印市场之间的差别正在逐步消减，这是因为个人 3D 打印市场的商业化越来越可行。比如，产业化的 3D 打印正在开始注意个人市场。另外，个人市场兴起以后会对产业市场带来潜在的溢出效应。

自两种商业策略分割开始，它们之间关系就开始变得较为紧张。尤其是产业生产者进入个人市场后，变得更为突出，这是由于开放制度与闭合制度的对立。

个人 3D 打印系统建立的逻辑是开放共享，产业 3D 打印则依赖于专有的知识和技术推动创新。个人 3D 打印市场对于知识产权系统提出新的挑战，尤其是对于如何使用现有的知识产权。任何拥有 3D 打印机的个人只要有打印物的电子编码都可以进行打印，因此，在工业设计及版权保护下的设计由于对设计的精确复制使得其未经知识产权持有者授权而被复制及售卖变得非常容易。当许多个人参与非法售卖仿制品时，这种对已有知识产权的侵权行为会变得非常复杂。因此，3D 打印有可能会导致 3D 生产者大规模的侵权行为。潜在的挑战实际上是区分哪些行为合法，哪些行为在实际当中可行。

总体上，当一个用户在利用3D打印机打印专有的物品或者售卖3D打印服务时，他就有可能侵犯若干项知识产权，如可能会侵犯到保护物品原貌的设计权及版权。如果物品极其独特，并被赋予商标，那么还有可能会侵犯商标权。而最终决定该物品是否侵权取决于打印的规模、免责条款及知识产权在不同司法管辖区的限制。

潜在的大规模的侵权行为对于投资者收回收益会产生显著的负面影响。这些侵权活动可能会减少产权人在市场上的销售，达到一定程度甚至会影响到整个品牌的竞争。然而，许多实践当中存在的问题可能会使得知识产权保护在个人市场上的实施变得比较困难。首先，可能会有许多潜在的侵权者，要一一甄别很困难。其次，侵权者极有可能是知识产权持有者的客户。

接下来探讨知识产权保护对于纳米技术的影响，首先，探讨专利对于研发投入的回报以及创新者如何在国际范围内保护他们的专利。其次，评价专利披露作用的重要性，专利专有权是否降低了积累创新，并讨论专利权的限制范围。最后，对商业秘密所起的作用进行简要论述。

现实的情况表明对于纳米技术而言，专利并非收回投资的主要方式。只有在生物化学技术领域才会起到比较重要的作用，但纳米电子技术领域不显著依赖专利。

专利策略在很大程度上也体现为其在海外市场进行的专利布局。美国是主要的专利申请国家，占到全球所有初次申请专利的85%。日本、德国、英国、法国紧随其后。除了中国、土耳其和东欧地区，其他发展中国家占比低，低于5%。

由此，可以得出一些结论：首先，纳米技术主要在发达国家申请专利保护。大部分公司除专利外，会通过其他渠道收回投资。其次，对于发展中国家来讲，专利并不是其技术扩散的主要障碍。最后，并不热衷在发展中国家申请专利，表明在这些国家会有一些其他障碍阻止其使用纳米技术。

由于对许多纳米技术进行反向工程非常困难，因此创新者更愿意将其作为技术秘密而不是去申请专利。在实际中，纳米技术更有可能被商业秘密保护。另外，对于陶瓷纳米材料、纳米结构钢材料，纳米材料生产商更愿意依赖商业秘密。因此，只关注纳米技术专利可能看不到纳米技术发展的全局。

许多纳米技术产生于大学，而大学没有将技术保密的动机。但是，对于公司来讲，商业秘密是其收回研发投资的主要策略。美国大范围的商业秘密诉讼也可以反映这一知识产权策略的重要性。

机器人创新的重点已经从产业自动化转向更为高级的机器人，如在经济部门或其他技术领域。对于知识产权的设计及策略研究也都处于起步阶段。

两种形式的知识产权保护会起到帮助公司收回研发投入的作用：专利和工业设计，其中工业设计一定程度上使得产权人独占其特有外观设计。来自科研机构的科学家将机器人的核心发明申请专利，也可能会将其产权转移给其他制造公司。

机器人专利在 20 世纪 80 年代快速增长，工厂自动化的活跃，使得机器人的应用稳步增长。1980—2000 年关于机器人的专利活动表现平稳。而逐步走向更高端的机器人使得机器人专利申请至今仍快速增长。

实际上，机器人专利分地区高度集中。在日本注册机器人专利的数量处于领先位置，占全球的39%，美国和中国接近37%，德国占29%，在其他主要欧洲国家和韩国也有相当数量的注册。

如同许多其他产业的高科技公司，为了从机器人产业获取高额的利润收益，机器人公司使用专利来防御竞争对手，比如进行许可、交叉许可以及避免诉讼。对于小的和专业的机器人公司，专利是其寻求投资或者与大公司进行竞争的知识产权资产。

关于专利系统对于创新的影响。大学与产业的合作在研究中相当重要。而专利可以帮助公司变得更加专业化，这对于机器人创新系统的演进非常重要。很难区分专利保护对于技术的限制是否限制了机器人的创新，现实当中关于机器人的创新非常有限，机器人领域的专利池也还未能形成。

关于技术披露，公司使用专利来了解最新技术发展和竞争对手改进产品的最新策略，同时了解竞争对手寻求的知识产权保护对自己公司带来的挑战。知识产权在先进机器人中应用还不广泛，与标准化的产业机器人的创新相比，现在的创新涉及的技术领域更为广泛，可以借鉴其他高科技领域的进攻性及防御性的知识产权策略。

大学及商业机构对机器人的创新大多是以技术平台的方式开展的，这些多是开放的平台，而且很多是开放的软件资源平台。这些平台邀请第三方对已有的技术内容进行改进，这极大地促进技术原型的发展，有利于进行更为灵活的实验。

潜在的比专利更为重要的保护是技术本身的复杂性以及机器人系统的商业秘密。将商业秘密对于企业雇员的流动对企业造成的影响降到最低，对于流动到竞争对手的流动人员情况尤其重要。

另外，进入市场第一人、较强的售后、声誉和品牌对于以前和现在的机器人都非常重要，机器人的品牌对于直接售卖给用户的情况尤其重要。版权也可以对机器人产权进行保护，主要是对机器人的源代码及运行软件进行知识产权保护。

通过对知识产权系统的分析，可以看出知识产权保护在新技术中的作用与以往既有相同，又有不同。与以往相同之处在于知识产权系统都起到了保护研究成果的作用，但也出现了一些反直觉的现象，专利系统除了起到收回研发投资的作用，还通过技术披露推动进一步创新，促进了技术专业化。

尽管专利数量很大，也存在一些专利丛林，但知识产权冲突数量较小。比如，3D 打印和机器人通过开放资源共享平台等一些特有方法进行知识管理。总之，知识产权系统成为知识共享机制的基石。同时，一些社会准则对于不同知识平台间的技术共享也起到了调节作用。

另外，本节所列举的技术尚处于起步阶段，但随着商业化程度的加深，从历史来看围绕知识产权保护会出现更多的冲突。政策制定者应当考虑持续的保障知识产权系统在激励知识创造与持续创新间保持平衡。

版权在软件等相关领域，如 3D 打印和机器人产业发挥作用。商业秘密在知识产权领域不可缺少主要是由于知识型工作人员越来越频繁地流动。

第四节　小结

本章第一节回顾了 2010—2015 年第一季度各个地区、各个产业的贸易（包括出口和进口）情况，从全球来看，大部分地区贸易增长乏力，个别地区、某些行业甚至出现了衰退。这说明当前进出口产品结构并不能很好地满足人们的需求，亟待新的以及更优质的产品；第二节回顾了 2014 年 OFDI 在各个地区的变动情况，并由此引出发展中国家投资已由引进外资走到开始对外投资的转换阶段；第三节回顾了知识产权保护在历史上的大飞机制造、青霉素发展及半导体技术发展中所起到的重要作用，根据即将兴起的 3D 打印、纳米技术及机器人的各自特点分析了在这些技术的未来发展中，知识产权保护发展过程中可能会遇到的问题。通过以上分析，本书研究的知识产权保护对出口升级及外向对外投资活动的作用路径，很有可能会体现在第三节提及的有代表性的技术领域中。发达国家和发展中国家出口和对外投资都面临着新的变化，知识产权保护这一宏观经济制度在未来的国际经济部分（投资和出口），会在新兴的三大产业中发挥着基础性作用。

第四章

知识产权保护对出口质量的影响机制

从全球化浪潮开始，世界贸易快速增长。出口质量的改进已经成为出口升级的当务之急。主要的经济发展组织，比如联合国工业发展组织（UNIDO）、联合国贸易暨发展会议（UNCTAD）和世界贸易组织（WTO）都在帮助发展中国家提升它们出口产品的质量。实际上，发展中国家的经济实践已经表明，从长期来看，是出口产品的质量而非其数量对经济发挥着至关重要的作用。近期的关于贸易的研究也都表明贸易收益更多的是来源于新产品（Amiti and Freund，2010；Broda and Weinstein，2006；Funke and Ruhwedel，2001），而非贸易量的增长。质量更好的产品在国际市场上有着更好的表现。

影响一个国家出口质量的因素很多，比如研发、FDI、货币政策、贸易自由化程度等（Faruq，2010；Amighini and Sanfilippo，2014；Fan et al.，2015；Bas and Strauss，2015；Li et al.，2013）。

通过对以前文献的梳理可以发现，其中的一些影响因素与知识的创造以及国际知识转移相关。另外，还有一些因素与本国的制度变量相关。但是，知识产权保护作为影响知识转移及创造的重要制度因素却鲜有论述。因此，本书将试着探索知识产权保护是如何影响一国出口质量的。

本书为知识产权保护对出口质量的影响机制提供了重要研究框架。首先，研发与投资会对出口质量具有正面影响（Aw et al.，2008；Faruq，2010；Amighini and Sanfilippo，2014）。而研发与外国直接投资又受到知识产权保护的影响（Samaniego，2012）。因此，本书认为知识产权保护与出口质量之间存在间接的影响关系（见图 4-1）。

图 4-1　知识产权保护对出口质量的影响路径

第一节　知识产权保护对出口质量影响机制模型构建

基于对出口质量影响因素的分析，出口质量影响因素模型可以构建为：

$$\ln(p_{js}) = \beta_0 + \beta_1\ln(Y_j) + \beta_2 R\&D_j + \beta_3 FDI_j + \beta_4\ln\left(\frac{H_j}{L_j}\right) +$$

$$\beta_5 INST_j + \upsilon_j \tag{4-1}$$

在式（4-1）中，p_{js}表示出口国家j在产品分类s中的出口到全世界的该产品的平均价格，价格是较常用来指代产品质量的指标。变量Y_j，H_j和L_j用来指代人均GDP，人力资本储备以及国家j的劳动力。而$R\&D_j$和FDI_j分别指代研发支出和流向国家j的外国直接投资。变量$INST_j$是制度质量，由“法律制度”“政府有效性”和“腐败控制”构成，这些变量在先前的研究中已经被检验（Dollar and Kray，2003；Meon and Sekkat，2008；Meon and Weill，2010；Faruq，2010）。

为了探索知识产权保护对出口质量的影响，将变量知识产权保护（IPR_j）加入式（4-1），可以得到如下等式：

$$\ln(p_{js}) = \beta_0 + \beta_1 \ln(Y_j) + \beta_2 R\&D_j + \beta_3 FDI_j + \beta_4 \ln\left(\frac{H_j}{L_j}\right) + \beta_5 INST_j + \beta_6 \ln(IPR_j) + \upsilon_j \tag{4-2}$$

知识产权保护指标，在以前的研究中经常使用G&P指数（Ginarte and Park，1997），在计量中主要是基于法律法规，主要包括保护的时间跨度、获取专利的主题、是否为国际条约的成员、执行机制及对于专利使用人的限制。尽管这一测度方法在某些情况下适用，但是只能衡量某一国家综合情况，而且也不能反映知识产权保护随着时间的变化。参考Awokuse和Yin（2010）的研究，本书使用外国专利申请量这一指标来测度某个国家对知识产权的保护。不断变化的专利申请数量代表了外国企业对注册地专利保护法律及执行情况的信心。与指数计算方法相比，这一测度知识产权保护的方法能够很好地反映知识产权保护随着时间的变化，测度更为精确。

假定出口质量依赖于研发及外国直接投资，则模型可以拓展为：

$$\ln(p_{js}) = \beta_0 + \beta_1\ln(Y_j) + \beta_2 R\&D_j + \beta_3 FDI_j + \beta_4\ln\left(\frac{H_j}{L_j}\right) + \beta_5 INST_j + \beta_6 \times R\&D_j \times \ln(IPR_j) + \beta_7 \times FDI_j \times \ln(IPR_j) + \upsilon_j \tag{4-3}$$

两个交互项用于表明 R&D、FDI 在知识产权保护对出口质量的影响中发挥的中介作用。

第二节　数据来源

本章文章使用了 1988—2013 年 46 个国家的出口数据。这些国家出口都经历了迅速地增长，这些样本可以很好地反映出口质量的提升。贸易数据来自 UNcomtrade，数据包含了出口产品的价格信息，以美元为单位。我们使用 3 位的 SITC（国际贸易分类），使用价格来指代产品质量（Harrigan et al.，2012）。在实证分析中，我们主要聚焦于制造业（SITC1 = 5—8），这主要是由于这些产品的质量异质性很强。我们根据 Rauch（1999）的分类标准进行产品。

人均 GDP 及内向 FDI 数据来自世界银行。我们使用 R&D 支出来指代研发活动，这一指标数据也来自世界银行。借鉴 Schott（2004）的研究，我们使用完成初中教育的人数占总人口的比例来指代人力资本，这一数据同样来自世界银行。制度变量的数据也来自世界银行数据库，这些制度变量从原来的阈值

-2.5—2.5 调整到 0—10。外国专利注册数量也来自世界银行，指代知识产权保护。

第三节 实证结果（国家水平）

表 4-1 呈现了国家水平的样本描述统计。这些变量包括人均 GDP、R&D、FDI、教育、制度变量和知识产权保护。表 4-2 展示了所有变量的相关系数。结果表明，所有变量之间都具有正向的相关关系。

表 4-1　　　　描述性统计

	均值	标准差	最大值	最小值
因变量				
ln 出口商品价格	4.50	0.83	7.20	2.28
解释变量				
ln 人均 GDP	22.94	1.92	26.58	-2.30
研发支出（占 GDP 比重,%）	1.45	0.15	4.13	-0.06
吸收外国直接投资流量（占 GDP 比重,%）	9.41	1.39	11.52	5.73
教育（获取初中教育的人占总人口的比重,%）	4.37	0.25	4.72	3.38
制度变量				
政府有效性	6.94	1.77	15.00	3.56
法律制度	6.67	1.78	8.98	2.87
腐败控制	6.71	2.13	10.17	2.53
ln 知识产权保护	7.74	2.21	12.56	2.77

表 4-2　　　　相关性检验

	出口质量	人均 GDP	R&D	FDI	教育	政府效力	法律法规	腐败控制	IPR
出口质量	1.000								

续表

	出口质量	人均 GDP	R&D	FDI	教育	政府效力	法律法规	腐败控制	IPR
人均 GDP	0.072	1.000							
R&D	0.309	0.108	1.000						
FDI	0.272	0.395	0.012	1.000					
教育	0.169	0.005	0.104	0.335	1.000				
政府效力	0.133	0.026	0.203	0.235	0.011	1.000			
法律法规	0.122	0.014	0.043	0.144	0.226	0.004	1.000		
腐败控制	0.287	0.235	0.032	0.144	0.002	0.288	0.443	1.000	
IPR	0.481	0.258	0.303	0.475	0.072	0.430	0.501	0.593	1.000

表 4-3 从国家角度讨论了式（4-3）的计算结果，使用 35 个国家作为估计样本，研究发现知识产权保护对出口质量的影响会随着经济水平的不同（以发达国家和发展中国家代替）而产生不同的影响。在计算中，分别使用最小二乘（OLS）、固定影响（FE）和随机影响（RE）三种方法进行估计。

关于 GDP 对于出口质量的影响，我们发现只有在发达国家这一影响比较显著。更高的人均 GDP 代表这个国家具有更广阔的市场及较高程度的经济发展，这表明母国广阔的市场对于出口质量具有提升作用。经济增长会导致居民消费能力的提升，高收入对本国产品质量具有拉动作用（Schott，2004；Hummels and Klenow，2005）。在发展中国家，尽管这一影响也为正，但并不显著，这一原因主要是与其他因素对出口质量的影响相比，对市场规模及收入情况的影响较小。

R&D、FDI 和教育的影响系数在三组样本中都为正且显著，这意味着知识创造、技术转移和教育都会提升本国出口产品的质量。结果显示，研发对于提升发达国家出口产品质量非常显著，影响系数为0.482；在发展中国家，影响则较小，影响系数为0.053。外国直接投资对出口质量的影响则与研发相反，这一影响在发展中国家较大，而在发达国家较小。这一现象不难理解，发展中国家技术发展主要依靠自主研发，发展中国家主要依靠技术引进。

另外，本章发现制度变量对出口质量的影响为正，并且十分显著。良好的制度可以很好地降低企业成本，从而使得企业有更多的资源投入产品质量提升。这表明发达国家稳健的制度对出口质量提升具有积极作用，而发展中国家不完善的制度则起到了阻碍作用。

表4-3　　知识产权保护对出口质量的影响机制

因变量（ln出口产品价格）									
	混合样本			发展中国家			发达国家		
	OLS（1）	FE（2）	RE（3）	OLS（4）	FE（5）	RE（6）	OLS（7）	FE（8）	RE（9）
人均GDP	0.090 （0.221）	0.130 （0.304）	0.120 （0.110）	0.054 （0.221）	0.027 （0.549）	0.010 （0.861）	0.144** （0.013）	0.136* （0.066）	0.173** （0.034）
R&D	0.120 （0.220）	0.153 （0.139）	0.122** （0.042）	0.079 （0.216）	0.043 （0.276）	0.053*** （0.004）	0.198 （0.147）	0.223* （0.079）	0.482** （0.035）
FDI	0.127 （0.243）	0.178 （0.543）	0.273* （0.090）	0.272** （0.045）	0.208 （0.244）	0.308*** （0.010）	0.075 （0.210）	0.017 （0.959）	0.188* （0.062）
教育	0.060 （0.221）	0.194 （0.153）	0.061** （0.023）	0.054 （0.715）	0.151** （0.028）	0.030*** （0.003）	0.214 （0.670）	0.248 （0.625）	0.176* （0.073）
政府效力	0.050 （0.142）	0.034 （0.164）	0.154** （0.039）	−0.109 （0.163）	−0.004 （0.958）	0.038*** （0.004）	0.303*** （0.000）	0.234*** （0.007）	0.209** （0.019）
法律法规	0.248 （0.192）	0.243 （0.162）	0.249* （0.082）	0.304 （0.352）	0.255*** （0.000）	0.099*** （0.000）	−0.083 （0.511）	−0.083 （0.52）	0.317*** （0.005）
腐败控制	−0.049 （0.379）	0.012 （0.188）	0.049** （0.029）	−0.004*** （0.000）	0.049 （0.627）	0.086** （0.047）	0.034 （0.705）	0.025 （0.786）	0.167* （0.098）
ln IPR×R&D	0.160 （0.203）	0.130 （0.167）	0.109 （0.107）	0.050 （0.112）	0.040 （0.182）	0.090 （0.312）	0.185*** （0.000）	0.206*** （0.000）	0.223** （0.032）
ln IPR×FDI	0.180 （0.136）	0.123* （0.067）	0.159*** （0.010）	0.214 （0.165）	0.221*** （0.000）	0.178*** （0.000）	0.102*** （0.010）	0.094** （0.050）	0.103** （0.012）

续表

因变量（ln 出口产品价格）									
	混合样本			发展中国家			发达国家		
	OLS（1）	FE（2）	RE（3）	OLS（4）	FE（5）	RE（6）	OLS（7）	FE（8）	RE（9）
常数	-0.250*** (0.010)	0.330 (0.556)	0.420 (0.210)	-3.210* (0.081)	-1.480 (0.428)	-10.730*** (0.000)	-0.204 (0.475)		-1.115 (0.504)
R^2	0.706	0.852	0.601	0.609	0.733	0.712	0.731	0.686	0.811
Hasman检验		750.110 (0.000)			608.320 (0.009)			882.860 (0.007)	
观测值	1182	1182	1182	428	428	428	754	754	754

注：* 表示 10%的显著水平，** 表示 5%的显著水平，*** 表示 1%的显著水平。

本章研究的核心问题是知识产权保护对出口质量是否具有显著影响，实证结果显示知识产权保护在不同发展水平的国家会有不同的影响。在知识产权保护依赖 R&D 对出口质量产生作用的影响路径上，知识产权保护在发达国家的影响显著，而在发展中国家的影响则不显著。在发达国家，假定存在相同水平的 R&D，知识产权保护越高，发达国家公司越愿意生产更多高质量的产品，这就有利于提升发达国家产品的总体质量；而在发展中国家，由于研发活动相对不活跃，知识产权保护通过这一路径的影响不显著。对于依靠 FDI 产生影响的这一路径，在发达国家及发展中国家都显著，这表明知识产权保护保障了发展中国家和发达国家的外国直接投资者的利益，从而有利于技术的扩散，技术扩散促进该国生产更高质量的产品。

这些研究结果表明，加强知识产权保护在发达国家和发展中国家都会对出口质量产生正面影响，研发活动和外国直接投资在这一作用中发挥着中介作用，但在发达国家和发展中国家却有着不同的影响机制，知识产权保护在发展中国家对出口质量的影响主要依赖于 FDI 一个因素，而在发达国家这一影响依赖于 FDI 和 R&D 两个因素。这说明发展中国家处于经济发展的初期，知识产权保护的实施要适度，达到吸引外资的目的即可，因为其出口质量的提升还要依赖于通过技术模仿来实现。另外，发展中国家要充分完善基础设施、通信技术等以吸引外资企业，从而弥补其知识产权保护相对较弱的劣势。而对于发达国家，自主研发与国际技术转移共同发挥作用，知识产权强度应当在促进本国创新和吸引国际技术转移之间寻求平衡。由于发达国家基础设施相对完备，创新平台及吸引外资的制度建设应当是发达国家关注的焦点。

本章使用外国公司在本国注册专利数量来衡量知识产权保护的变化情况，具有一定合理性，但也可能会受到本国市场大小的间接影响。因此，本章使用 G&P 指数替换外国公司注册专利数来检验这一指标稳健性，经检验发现两指标保持了比较一致、稳定的解释，后文将一直使用外国公司在本国注册专利数量这一指标。

第四节　实证结果（产业水平）

我们通过对模型（2）进行估计来检验知识产权保护在不同产业对出口质量产生的影响。产业分类是根据国际贸易分类标准（SITC）第三版。在我们的样本中包含了四个产业：SITC 5 包括化工及其相关产品（如医药类），SITC 6 是根据材料进行的制造业产品分类（如皮革、橡胶及钢铁类产品），SITC 7 包括机械和交通设备类（动力制造机械、通信机械及道路运输机械），SITC 8 是混杂的制造业产品（家具、衣服和运动鞋）。

在产业分析中，我们主要依靠 FE 方法。根据表 4-4 展示的结果，我们可以看出知识产权保护在 SITC5 和 SITC 7 中影响为正向显著，但在 SITC 6 和 SITC 8 中这一影响并不显著。

那么为什么在不同的产业中，知识产权保护对出口质量会呈现出不同的影响特征？Li 等（2013）指出出口国高质量的法律制度会降低国内企业在产品生产过程中的交易成本，内部交换资源的不确定特点与所进行贸易的产品特性相关（Katsikeas et al.，2009），尤其是那些复杂且技术变化较快的产品（例如，高技术产品）更容易在交易中受到不确定环境的影响（Berkowitz et al.，2006）。高技术产品的生产涉及更深程度的知识资源的交换，因此其对知识产权保护的依赖程度更深（Berkowitz et al.，2006；Li et al.，2013）。面对其他公司的侵权行为，较弱的知识产权保护会增加高科技产品生产企业的相对成本，而降低相对竞争优势。Berkowitz（2006）的研究暗示知识产权保护与出口产品质量之间的关系在高科技行业也存在。我们可以看到在 SITC5 和 SITC7 产业中的产品大多与高技术相关，因此在这两个产业中知识产权保护对出口产品质量有显著作用。Besedes 和 Prusa（2006）指出 SITC 7 中产品更为复杂、异质性更强，因此涉及更多的知识交换，所以在 SITC 7 中的影响比在 SITC 5 中更为突出。

表 4-4　　知识产权保护对不同产业的影响

	(1) 化学化工类 SITC 5	(2) 生产制造类 SITC 6	(3) 机械设备类 SITC 7	(4) 复合产品制造 SITC 8
人均 GDP	0.151*** (0.000)	0.250** (0.040)	0.043*** (0.003)	0.001 (0.959)
R&D	0.118** (0.018)	0.163*** (0.010)	0.154*** (0.000)	0.142** (0.014)
FDI	0.451*** (0.000)	0.022*** (0.010)	0.067 (0.158)	0.181*** (0.005)
教育	0.810*** (0.000)	-0.010* (0.067)	0.290* (0.090)	-0.346 (0.170)
政府效力	0.010 (0.914)	0.044** (0.020)	0.086* (0.093)	-0.068 (0.272)
法律法规	0.496*** (0.000)	0.442** (0.011)	0.096** (0.047)	0.480*** (0.000)
腐败控制	-0.192** (0.020)	0.036** (0.035)	-0.083* (0.054)	-0.089 (0.129)
lnIPR	0.056** (0.046)	0.103 (0.221)	0.371*** (0.000)	0.134 (0.390)
常数	-0.192 (0.502)	-0.877 (0.516)	3.200*** (0.000)	1.380 (0.144)

注：表中显示的是使用 FE 模型对式（4-2）估计的每个产业的计算结果。* 表示 10%的显著水平，** 表示 5%的显著水平，*** 表示 1%的显著水平。

由此可见，知识产权保护对出口产品质量的提高，主要会出现在化学化工类产品和机械设备类产品。因此，这些行业的企业尤其注意对拥有的知识资产进行充分保护，在产品升级的进程中充分利用知识资产积极进行盈利，为持续质量升级赢得资金支持。从国家执法层面，也应当对这些行业给予足够的关注，为企业利益提供保障，这也是国家产业升级的保障。

第五节　小结

出口产品的质量越来越成为国家在国际市场上竞争的关键，

因而产品质量对于经济发展至关重要（Schott，2004；Khandelwal，2010）。目前，已有大量的研究探索了出口质量的影响因素，比如要素禀赋、教育与技术创新、外国直接投资和制度因素，但很少有研究探讨知识产权保护与出口质量之间的关系。本章从国家及产业两个视角对这一关系进行了研究。

研究结果表明知识产权保护对于发展中国家及发达国家的出口产品质量都具有提升作用，但其影响机制在不同国家的影响却有所不同。在发展中国家，FDI 在这一影响中起到了中介作用，但由于发展中国家研发活动并不活跃，因此 R&D 的中介效应不显著。而在发达国家，R&D 和 FDI 共同起到了中介作用，发达国家政府注重研发投入，同时发达国家企业也注重通过研发提升产品质量，因此，研发在知识产权保护的激励制度下起到中介作用。同时，发达国家通过国际投资实现国际技术转移，较强的知识产权保护为跨国企业获取利润提供制度保障，促进了更高水平的技术在国家之间的转移转化，因此，FDI 在发达国家出口质量提升中起到了中介作用。

从产业角度看，知识产权保护对于化学化工类产品和机械设备类产品的影响显著，而对于生产制造类和复合产品类的影响不显著。通过对四种产品大类的对比发现，化学化工类产品和机械设备类产品属于高科技产品，知识产权保护主要影响企业在产品生产过程中知识资源的交换，而高科技产品生产过程中更多涉及知识资源，因此更为显著。通过分析还发现知识产权保护对机械设备类产品的影响比化学化工类产品的影响更大，这是由于机械设备类产品异质性更强，其产品生产过程中涉及的知识资源交换更多、更复杂，因此，知识产权保护的影响更大。

以上结论表明要提升本国的出口质量，发达国家政府在加强知识产权保护的同时应当确保持续不断的研发投入，并且需要加强吸引外资的政策；而发展中国家在加强知识产权保护的同时应配套持续吸引外资的措施。从产业角度分析，知识产权保护的保护对象应更多聚焦于高科技产业，尤其是技术复杂性较高的产业。

第五章

知识产权保护对出口成熟度的影响机制

从全球化浪潮开始，世界贸易快速增长，出口结构的改善已经成为出口升级的当务之急。主要的经济发展组织，如联合国贸易暨发展会议（UNCTAD）和世界贸易组织（WTO）都在帮助发展中国家提升它们出口产品的质量。发展中国家出口数量的增加并不能够很好地带动其经济的发展，而其出口产品内容的增加会带来更有效的经济增长（Minondo，2010；Rodrik，2006）。Jarreau 和 Poncet（2012）指出，那些能够生产更成熟产品的地区会有着更高的经济增速；发展中国家的经济实践也已经表明，从长期来看，出口产品的技术含量对经济持续增长发挥着至关重要的作用。近期关于贸易的研究也都表明贸易收益更多地来源于新产品（Amiti and Freund，2010；Broda and Weinstein，2006；Funke and Ruhwedel，2001；Hummels and Klenow，2005），而非贸易量的增长。在产品结构表现更合理的国家，其经济表现也更为抢眼（Hausmann et al.，2007）。

许多因素都会影响一个国家出口成熟度，包括研发、投资、教育、进口及一些制度（Zhu，2009；Xu and Lu，2009；Xu，2010；Wang and Wei，2010；Zhu and Fu，2013；Amighini and Sanfilippo，2014）。通过梳理发现，一部分变量与知识的创造及转移紧密相关，这意味着知识的积累与出口成熟度密切相关。可以推断，对创新具有正影响的知识产权保护对于本国技术的积累会产生重要作用，因此知识产权保护会对出口成熟度的提升产生重要作用，但已有研究很少涉及知识产权保护是如何影响出口成熟度的。

本章将探索知识产权保护作为一种制度变量是如何影响创新及技术转移从而提升出口成熟度的。首先，知识产权保护会吸引 FDI、提升研发水平、吸引进口（Awokuse and Yin，2009，2010；Ivus，2010；Samaniego，2012；Fukui et al.，2013）。FDI 和进口不仅代表了资金流和商品流，也反映了国际技术转移，R&D 有利于一国创新和技术积累，三者都有利于出口成熟度的提升（Xu and Lu；2009；Zhu and Fu，2013）。本章的核心思路是检验 R&D 和技术转移的中介作用。

图 5-1 知识产权保护对出口成熟度的影响机制

第一节 知识产权保护对出口成熟度影响机制模型的构建

一 出口成熟度的测度

出口产品会有不同的技术成熟度。理想情况下，可以通过计算产品中研发内容来衡量产品的成熟度水平，但产品级的研发数据是不可获取的。有一些学者构建了一个不需要研发数据的计算产品成熟度的方法（Hausmann，et al.，2007；Lall，et al.，2006；Rodrik，2006；Wang and Wei，2010）。本章，我们借鉴 Rodrik（2006）测量产品成熟度的方法，计算方法如下：

$$PRODY_i = \sum_{c \in C_i} \left\{ \frac{s_{ic}}{\sum_{j \in C_i} s_{ij}} Y_c \right\} \tag{5-1}$$

式中，$PRODY_i$ 用来指代产品 i 的成熟度水平，权重变量 $s_{ic}/\sum s_{ij}$ 中 s_{ic} 是指出口产品 i 在国家 c 的出口产品的价值，这反映了出口产品 i 在出口国 c 所有出口产品结构中的重要性。相似地，根据 Rodrik（2006），我们定义一个国家的出口成熟度为这个国家所有产品成熟度的平均权重，则国家 c 出口成熟度的计算公式为：

$$EXPY_c = \sum_{i \in M} (s_{ic} \times PRODY_i) \tag{5-2}$$

s_{ic} 指出口产品 i 在国家 c 中所占的比例。

二　出口成熟度的计算模型

基于对出口成熟度影响因素的总结，并且考虑知识产权保护对出口成熟度的影响，结合 R&D、FDI 和进口在 IPR 对出口成熟度中起中介作用这一假设，计算模型如下：

$$EXPY_{it} = \beta_0 + \beta_1 GDP_{it} + \beta_2 \ln Land_{it} + \beta_3 \ln Capita_{it}/Labor_{it} + \beta_4 \ln H_{it} + \beta_5 \ln R\&D_{it} + \beta_6 \ln FDI_{it} + \beta_7 \ln Import_{it} + \beta_8 I_{it} + \beta_9 IPR_{it} + \beta_{10} \ln R\&D_{it} \times \ln IPR_{it} + \beta_{11} \ln FDI_{it} \times \ln IPR_{it} + \beta_{12} \ln Import_{it} \times \ln IPR_{it} + v + \mu_t + \varepsilon_{it} \tag{5-3}$$

其中，i 是指国家，t 是指时间，v_i 是指不同国家样本的固定影响，u_t 指时间固定影响。*GDP* 指人均 GDP，它代表了一个国家的经济发展。*Land* 指人均土地面积，反映了一个国家自然资源方面的要素成本。*Capita* 指代资本储备水平，由总资本构成指代。*Labor* 是指为产品生产和服务提供劳动的所有人，劳动力是指全职劳动人员、失业人员及初次寻找工作的人，排除家庭主妇、其他不支付报酬的护工和在非正式部门工作的工人。*H* 代表人力资本，由完成初中教育的人数来测度；*R&D* 是研发支出在 GDP 中所占的比例，后两者反映了一个国家的知识资本的储备水平。*FDI* 和 *Import* 是指内向外国直接投资每年的流量和进口数量，这两个变量反映了外国技术的转移情况。*I* 是制度变量，包括“法律法规”“政府效力”和“政治稳定”。这些变量已经被先前的研究所证实（Dollar and Kray，2003；Meon and Sekkat，2008；Meon and Weill，2010；Faruq，2010）。

关于知识产权保护指标，以前的研究中经常使用 G&P 指数

(Ginarte and Park，1997)，在其计量中主要是基于法律法规。这一指标主要包括保护的时间跨度、获取专利的主题、是否为国际条约的成员、执行机制及对专利使用人的限制。尽管这一计量方法在某些情况下适用，但是这一测度方法只能衡量某一国家综合情况，也不能反映知识产权保护随着时间的变化。根据 Awokuse 和 Yin（2010）的研究，我们使用外国专利申请量这一指标来测度某个国家的知识产权保护。不断变化的专利申请数量代表了外国企业对注册地专利保护法律及执行情况的信心。与指数计算方法相比，这一测度知识产权保护的方法能够很好地反映知识产权保护随着时间的变化，测度更为精确。

式（5-3）中的三个交互项表明 R&D、FDI 和进口与知识产权保护产生了交互作用。这三个交互项表明在相同的创新或技术转移水平下，知识产权保护越强则知识产权持有者或技术接收者将愿意生产更成熟的产品以获取更多利润。因此，三个系数应当都为正。

三　数据来源

本章使用 1988—2013 年 46 个国家的样本数据，这些国家的高技术出口能够很好地反映该国出口产品的技术含量。所选取国家的高技术出口占制造业出口的比重都在 8%以上，因此可以很好地反映出口产品的成熟度。数据按国际贸易标准分类（SITC）第三个版本进行分类，来自 UNcomtrade。

人均 GDP、陆地面积、劳动力、资本存量、人力资本和研发支出数据来自世界银行；FDI 和进口数据来自 UNCTAD；制度变量的数据也来自世界银行数据库，这些制度变量从原来的阈值-2.5—2.5调整到0—10；外国专利注册数量也来自世界银行，用其指代知识产权保护。

第二节　实证结果（国家水平）

表5-1将总样本划分为发达国家和发展中国家两个子样本，并按发达国家和发展中国家的分类，分别给出了各变量的均值、方差、最小值和最大值。

表5-1　描述性统计（在模型中的变量）

	发展中国家				发达国家			
	均值	方差	最大值	最小值	均值	方差	最大值	最小值
ln出口成熟度	10.15	0.24	10.66	9.61	10.15	0.24	10.66	9.61
ln人均GDP	22.94	1.92	26.58	-2.30	26.51	1.29	29.58	-2.30
ln人均土地面积	-1.99	0.71	-0.73	-3.91	-1.56	1.22	1.04	-4.61
ln劳动力（百万）	22.33	2.09	54.50	0.33	24.63	2.11	77.98	2.90
ln资本储备（十亿美元）	46.44	6.62	70.02	0.13	55.83	5.66	95.11	4.61
ln人力资本（接受初中教育人口比例,%）	4.16	0.34	4.72	3.28	4.48	0.08	4.61	4.13
ln研发支出（占GDP比重,%）	-0.83	0.12	1.51	-3.39	1.38	0.65	2.53	-1.52
ln内向FDI（百万美元）	21.82	2.53	26.58	0	22.50	2.29	26.55	0
ln进口（百万美元）	3.41	0.65	4.61	1.70	3.49	0.56	5.34	1.92
政治稳定性	5.32	1.19	7.74	1.61	7.76	1.30	9.86	2.00
政府效力	5.46	1.15	8.28	3.11	7.50	1.23	17.00	2.63
法律法规	5.09	1.34	9.75	2.48	7.69	1.02	9.98	4.37
lnIPR	5.26	2.22	11.69	1.34	7.99	1.52	12.56	3.49

表5-2给出了各变量之间的相关系数。结果表明，大部分

变量正相关，而土地面积和政治稳定性却呈现负相关。我们通过计算 VIF 值来判断是否具有多重共线性问题。VIF 的值是 4.108（<10），表明模型不存在多重共线性的问题。

表 5-2　　　　相关系数

	出口成熟度	GDP	土地	劳动力	资本	人力资本	R&D	FDI	进口	政治稳定性	政府效力	法律法规	IPR
发达国家													
出口成熟度	1.000												
GDP	0.072	1.000											
土地	-0.064	0.014	1.000										
劳动力	0.019	0.316	0.001	1.000									
资本储备	0.022	0.209	0.003	0.011	1.000								
人力资本	0.453	0.301	-0.026	0.292	0.108	1.000							
R&D	0.300	0.055	0.102	0.002	0.112	0.449	1.000						
FDI	0.437	0.322	0.069	0.004	0.407	0.283	0.269	1.000					
进口	0.223	0.314	0.027	0.038	0.387	0.018	-0.092	0.103	1.000				
政治稳定	0.083	0.144	0.038	0.119	0.437	0.243	0.443	-0.038	0.270	1.000			
政府效力	0.111	0.196	0.188	0.088	0.250	0.409	0.558	0.229	0.172	0.553	1.000		
法律法规	0.223	0.229	0.124	0.121	0.205	0.442	0.685	0.239	0.075	0.637	0.621	1.000	
IPR	0.116	0.141	0.240	-0.004	0.023	0.247	0.364	0.245	-0.413	0.009	0.190	0.264	1.000
发展中国家													
出口成熟度	1.000												
GDP	0.183	1.000											
土地	-0.219	0.014	1.000										
劳动力	0.019	0.316	0.001	1.000									
资本储备	0.022	0.209	0.003	0.011	1.000								
人力资本	0.299	0.301	-0.03	0.292	0.108	1.000							
R&D	0.320	0.055	0.051	0.002	0.112	0.549	1.000						
FDI	0.438	0.322	0.156	0.004	0.407	0.179	0.325	1.000					
进口	0.238	0.314	-0.616	0.038	0.387	0.253	-0.132	-0.196	1.000				
政治稳定	-0.071	0.144	-0.191	0.119	0.437	0.464	-0.047	0.112	0.296	1.000			

续表

	出口成熟度	GDP	土地	劳动力	资本	人力资本	R&D	FDI	进口	政治稳定性	政府效力	法律法规	IPR
政府效力	0.073	0.196	-0.069	0.088	0.250	0.617	0.201	0.052	0.352	0.528	1.000		
法律法规	0.012	0.229	-0.223	0.121	0.205	0.577	0.316	-0.105	0.434	0.449	0.748	1.000	
IPR	0.235	0.101	0.180	-0.004	0.023	0.126	0.086	0.651	0.303	0.046	-0.099	-0.171	1.000

表5-3给出了式（4-1）从国家层面估计所得的结果，在估计中使用外国专利注册数量作为衡量知识产权保护的指代变量。本章使用最小二乘（OLS）、固定影响（FE）和随机影响（RE）三种方法来进行估计。如果Hausman检验结果满足RE假设，表明其他未列入我们研究对象的发展中国家及发达国家也符合这一影响规律。

首先，按照国家发展水平的不同将样本分为发达国家和发展中国家，然后在每一组样本中探索知识产权保护对出口成熟度的影响。在进行回归之前，首先要考虑使用线性模型还是非线性模型。考虑到非线性模型的复杂性，若线性模型可以很好地解释所研究问题则使用线性模型。线性模型通过了t检验和F检验，表明可使用线性模型。

结果表明，人均GDP与出口成熟度之间有正向关系，这是由于出口成熟度是国家收入水准的加权平均，因此我们使用此变量作为控制变量。国土面积对出口成熟度有负面影响，这一结果印证了资源诅咒假说（Sachs and Warner，1995），与Hausman（2007）的研究结论相一致。资本劳动比例与出口成熟度有正向关系，这说明较高的劳资比例使得国家在生产成熟产品时具有更好的优势（Hausmann et al.，2007）。

人力资本对发展中国家出口成熟度的提升具有重要作用，但在发达国家这一影响并不显著。R&D、FDI 和进口的影响系数都为正并且显著，这意味着知识的创造及转移对出口产品成熟度有促进作用。值得注意的是，R&D 在发达国家所起的作用要比在发展中国家起的作用大；而进口则相反，在发展中国家比在发达国家起的作用大。这并不难理解，发达国家提升产品质量主要依靠自主研发，而发展中国家产品质量的提升主要依赖于技术的转移。

另外，我们发现制度变量在发达国家对出口成熟度有正面影响，但在发展中国家却具有负面影响。在发达国家，良好的制度环境会鼓励创新活动，同时会降低生产及经营成本；而在中低收入的发展中国家，投资者对产权及商业环境的不确定性有所担忧，会认为这样的投资充满风险从而不愿意投资。因此，长期看这会限制生产商去提高产品的成熟度水平。

然而，本章的主要关注点是知识产权保护是否对出口成熟度有影响。结果表明，知识产权保护在发达国家及发展中国家对出口成熟度都会产生正面的影响，但影响机制不同。

当分析 R&D 对于知识产权保护对出口成熟度的中介作用时，本章发现这一影响在发达国家显著，但在发展中国家并不显著。在发达国家，相同的 R&D 投入，知识产权保护越强，生产商的利益受到的保护越多，从而更愿意生产高成熟度的产品。在发展中国家，这一影响不显著，主要因为其 R&D 活动并不活跃。

表 5-3 知识产权保护对出口成熟度的影响

因变量（ln 出口成熟度）									
	混合国家			发展中国家			发达国家		
	(3.1) OLS	(3.2) FE	(3.3) RE	(3.4) OLS	(3.5) FE	(3.6) RE	(3.7) OLS	(3.8) FE	(3.9) RE
GDP	0.306 ** (0.017)	0.274 *** (0.000)	0.261 ** (0.034)	0.282 *** (0.000)	0.318 *** (0.000)	0.292 ** (0.033)	0.328 *** (0.000)	0.304 ** (0.011)	0.323 *** (0.000)
土地	-0.018 *** (0.002)	-0.030 ** (0.025)	-0.033 ** (0.022)	-0.046 ** (0.017)	-0.053 *** (0.000)	-0.057 ** (0.023)	-0.012 * (0.083)	-0.021 ** (0.033)	-0.027 ** (0.022)
资本/劳动	0.101 * (0.051)	0.009 ** (0.022)	0.113 *** (0.000)	0.004 * (0.066)	0.007 (0.104)	0.009 *** (0.007)	0.142 ** (0.015)	0.151 ** (0.030)	0.133 ** (0.044)
人力资本	0.102 (0.005)	0.099 (0.202)	0.089 (0.000)	0.078 ** (0.012)	0.020 ** (0.022)	0.021 *** (0.003)	0.123 (0.405)	0.125 (0.322)	0.221 (0.166)
R&D	0.022 * (0.067)	0.018 * (0.055)	0.034 (0.048)	0.004 * (0.099)	0.012 * (0.079)	0.009 (0.139)	0.036 ** (0.011)	0.033 *** (0.003)	0.042 ** (0.029)
FDI	0.025 *** (0.000)	0.012 ** (0.043)	0.043 *** (0.001)	0.020 ** (0.034)	0.006 ** (0.013)	0.034 ** (0.022)	0.026 *** (0.002)	0.031 *** (0.000)	0.047 ** (0.020)
进口	0.253 *** (0.000)	0.012 * (0.053)	0.014 *** (0.002)	0.350 *** (0.000)	0.380 *** (0.000)	0.393 *** (0.000)	0.042 * (0.060)	0.003 ** (0.042)	0.002 * (0.098)
政治稳定	-0.040 (0.152)			-0.069 *** (0.000)			0.029 *** (0.010)		
政府有效性		0.006 *** (0.000)			-0.087 *** (0.000)			0.079 * (0.054)	
法律法规			0.003 ** (0.090)			-0.036 * (0.069)			0.082 ** (0.022)
lnIPR	-0.057 (0.137)	0.087 (0.270)	0.106 (0.109)	0.191 ** (0.016)	0.157 ** (0.022)	0.173 *** (0.000)	0.229 ** (0.045)	0.204 *** (0.000)	0.305 * (0.068)
lnIPR× lnR&D	0.021 (0.363)	0.024 (0.646)	0.007 (0.103)	0.011 (0.322)	0.010 (0.374)	-0.001 (0.664)	0.029 *** (0.000)	0.037 ** (0.043)	0.033 *** (0.010)
lnIPR× lnFDI	0.004 *** (0.004)	0.003 ** (0.046)	0.006 ** (0.032)	0.002 *** (0.006)	0.005 * (0.094)	0.001 *** (0.000)	0.029 *** (0.001)	0.023 *** (0.001)	0.030 ** (0.046)
lnIPR× lnImport	-0.012 (0.633)	0.003 (0.749)	0.005 (0.229)	0.034 *** (0.003)	0.052 *** (0.000)	0.049 *** (0.004)	-0.018 (0.349)	-0.004 (0.101)	0.001 (0.418)
常数项	8.388 *** (0.000)	9.999 (0.556)		6.431 ** (0.012)	2.680 (0.113)		7.260 * (0.067)	9.720 *** (0.000)	0.289 (0.214)

续表

因变量（ln 出口成熟度）									
	混合国家			发展中国家			发达国家		
	(3.1) OLS	(3.2) FE	(3.3) RE	(3.4) OLS	(3.5) FE	(3.6) RE	(3.7) OLS	(3.8) FE	(3.9) RE
Hausman 检验		637.210 (0.000)			733.620 (0.001)			799.860 (0.009)	
R^2	0.61	0.70	0.36	0.74	0.49	0.45	0.73	0.44	0.68
观测值	1548	1548	1548	691	691	691	857	857	857

注：* 表示 10%的显著水平，** 表示 5%的显著水平，*** 表示 1%的显著水平。

当分析 FDI 对于知识产权保护对出口成熟度影响的中介作用时，本章发现这一影响在发达国家和发展中国家都显著，表明知识产权保护已经成为支持国外企业投资的重要保障。知识产权保护使得知识产权所有者获取高于边际成本的收益，通过垄断权收回前期研发投入的成本。因此，知识产权保护有效刺激了知识的创造和传播；FDI 带来了技术转移，从而提高了出口产品成熟度。

进口对于知识产权保护对出口成熟度产生的中介作用与研发正好相反。在发展中国家显著，而在发达国家不显著。发达国家严格的知识产权保护使得产品模仿很少，而发展中国家较弱的知识产权保护使得本地公司更易于模仿进口产品。

综上所述，知识产权保护在发达国家和发展中国家对出口成熟度都有正面影响，R&D、FDI 和进口起到了中介作用，但在发达国家和发展中国家却有着不同的影响机制。在发达国家，R&D 和 FDI 起到了中介作用，而在发展中国家 FDI 和进口起到了中介作用。因此，知识产权保护的影响路径是随着经济的发展而不断变化的。这说明，要使得国家出口产品结构更加合理或者要提升一国出口产品的技术含量，在发达国家和发展中国家应当采取不同的措施。在发达国家知识产权保护应当具有较强的执行力度，要以激励本国自主研发为目的，同时较强的知识产权保护也有利于横向的外国直接投资的技术转移。横向的外国直接投资主要发生在发达国家之间，并且技术含量通常较高。因此，发达国家除需对研发的进行投入，还需对他国先进技术的转移平台进行建设。而发展中国家出口产品技术含量的提升主要来源于国际技术转移，无论是外国直接投资还是进口，发展中国家的技术升级都离不开对先进技术的模仿，因此，需要较为温和的知识产权政策。同时，可以通过加强本国基础设施、开放外资限制等方式来弥补知识产权保护的不足。

第三节　发展中国家影响机制

在表 5-4 中我们对发展中国家的成熟度再次进行分析，根据 FDI 和进口来自发达国家还是发展中国家将样本分为发达国家对发展中国家投资和发展中国家间投资两个分组。在估计时，我们仍然使用最小二乘（OLS）、固定影响（FE）和随机影响（RE）三种方法。根据计算结果我们可以发现只有发达国家对发展中国家投资和发展中国家间进口的影响系数是显著的，发达国家对发展中国家投资和发展中国家间投资的影响系数不显著。

那么为什么在考虑 FDI 和进口的来源时会出现不同的影响路径？Gelb（2005）指出“技术差距”会影响 FDI 和进口接收

国将技术转移内化为自身技术的能力。已有的文献表明，南南贸易比南北贸易具有更多的技术含量（Amsden，1986）。Klinger（2009）的研究也表明与南北贸易相比南南贸易也更为成熟。Xu和Lu（2009）发现出口产品成熟度与完全来自OECD国家的外资企业正相关，这反映出出口成熟度与来自发达国家的FDI正相关。这表明发达国家对发展中国家投资提升了发展中国家出口成熟度。发展中国家要提高其产品技术含量，在吸引外资的制度建设中应当有意识地向发达国家倾斜，而在进口产品的国家选择上向技术差距相差不大的发展中国家的倾斜。这样的宏观政策倾斜有利于快速实现国家出口结构优化。

第四节　结论与启示

已有研究表明出口的升级会对本国的经济发展产生重要的影响（Schott，2004；Khandelwal，2010）。已有大量研究探索了出口成熟度的影响因素，比如要素禀赋、教育、技术创新、技术转移和制度因素，但对于知识产权保护与出口成熟度的研究很少。

我们的研究对已有的研究进行了发展，研究结果表明知识产权保护在发展中国家和发达国家对出口成熟度都有正向的影响，但在发达国家和发展中国家的影响路径却并不相同。总体来讲，R&D、FDI和进口在此影响关系中发挥着中介作用。在发达国家，R&D和FDI发挥着中介作用。发达国家生产产品的较高技术含量一方面得益于政府大量研发投入，另一方面得益于企业持续不断的研发投入；另外发达国家间横向 FDI 也是其产品技术不断进步的动力。因此，两者在完善的知识产权制度激励下使得产品技术不断积累，产品成熟度不断提高。

在发展中国家，FDI 和进口发挥着中介作用。这是由于发展中国家知识产权保护水平较低，研发投入与发达国家还有较大差距，研发中介作用不显著。同时，国际技术转移主要通过纵向 FDI 以及进口实现。若将发展中国家的样本按照 FDI 和进口的来源不同进一步区分为发达国家与发展中国家经贸往来和发展中国家间经贸往两个分组，我们发现知识产权保护对出口成熟度的影响依赖于发达国家对发展中国家投资和发展中国家间的进口，这说明发达国家对出口国家的投资以及发展中国家之间进出口是发展中国家出口成熟度提升的主要动力。

表 5-4　　知识产权保护在发展中国家对出口成熟度的影响

	发达国家与发展中国家之间的FDI 和进口			发展中国家之间的 FDI 和进口		
	(4.1) OLS	(4.2) FE	(4.3) RE	(4.4) OLS	(4.5) FE	(4.6) RE
GDP	0.304*** (0.000)	0.289*** (0.008)	0.288* (0.090)	0.286* (0.052)	0.271*** (0.006)	0.289*** (0.003)
土地	−0.041*** (0.007)	−0.049*** (0.010)	−0.051** (0.044)	−0.033*** (0.01)	−0.058** (0.03)	−0.042** (0.023)
资本/劳动	0.111** (0.026)	0.008*** (0.002)	0.007*** (0.000)	0.009** (0.016)	0.013*** (0.000)	0.012*** (0.000)
人力资本	0.051** (0.048)	0.037*** (0.002)	0.022*** (0.000)	0.078* (0.052)	0.020** (0.047)	0.021* (0.073)
R&D	0.011* (0.089)	0.010** (0.044)	0.021* (0.093)	0.014* (0.075)	0.013* (0.056)	0.019** (0.036)
FDI	0.221*** (0.004)	0.316*** (0.003)	0.234*** (0.002)	0.025** (0.021)	0.016** (0.013)	0.013* (0.072)
进口	0.294** (0.043)	0.311** (0.011)	0.346*** (0.000)	0.225* (0.061)	0.309*** (0.002)	0.286*** (0.003)
政治稳定	−0.047* (0.075)			−0.037*** (0.000)		

续表

	发达国家与发展中国家之间的FDI和进口			发展中国家之间的FDI和进口		
	(4.1) OLS	(4.2) FE	(4.3) RE	(4.4) OLS	(4.5) FE	(4.6) RE
政府有效性		-0.037* (0.051)			-0.068*** (0.000)	
法律法规			-0.046** (0.022)			-0.027* (0.069)
lnIPR	0.173* (0.056)	0.146* (0.002)	0.190*** (0.000)	0.173*** (0.002)	0.146*** (0.000)	0.103*** (0.001)
lnIPR×lnR&D	0.008 (0.241)	-0.004 (0.439)	0.002 (0.319)	0.025 (0.306)	0.045 (0.247)	-0.008 (0.517)
lnIPR×lnFDI	0.092*** (0.006)	0.105** (0.034)	0.191*** (0.000)	0.013 (0.206)	0.019 (0.394)	0.008 (0.218)
lnIPR×lnImport	0.134 (0.103)	0.142 (0.233)	0.249 (0.184)	0.247*** (0.000)	0.256*** (0.000)	0.119*** (0.001)
常数项	4.855*** (0.000)	6.277* (0.056)		3.272** (0.033)	3.891 (0.419)	
Hausman 检验		789.490 (0.000)			676.250 (0.001)	
R^2	0.768	0.858	0.511	0.897	0.644	0.601
观测值	317	317	317	377	377	377

注：* 表示10%的显著水平，** 表示5%的显著水平，*** 表示1%的显著水平。

第六章

知识产权保护对外向对外直接投资的影响机制

在过去的几十年中，全球化带来了外国直接投资的显著增长，发达国家和发展中国家都吸引了大量的外资。同时，发展中国家也在快速地融入世界，它们的对外投资也出现了显著的增长。总体来讲，发展中国家对外投资增长较快，而发达国家却基本平稳。在这种背景下，传统的关于外向对外直接投资的理论能否很好地解释这些现象，是否需要新的理论来支撑？

许多因素都会影响到外向对外直接投资，这些因素一部分要从东道国角度考虑，另一部分则要从母国角度考虑。从母国角度来看，R&D 和内向 FDI 都会对外向 FDI 产生影响（Stoian，2013；Saad et al.，2013）。另外，制度环境也会影响到一个国家的外向对外直接投资（Wang et al.，2012；Stoian，2013）。一个公司的国际化行为会受到本国制度环境的影响，这是因为本国制度会影响到公司的资源配置（Buckley et al.，2007）。通

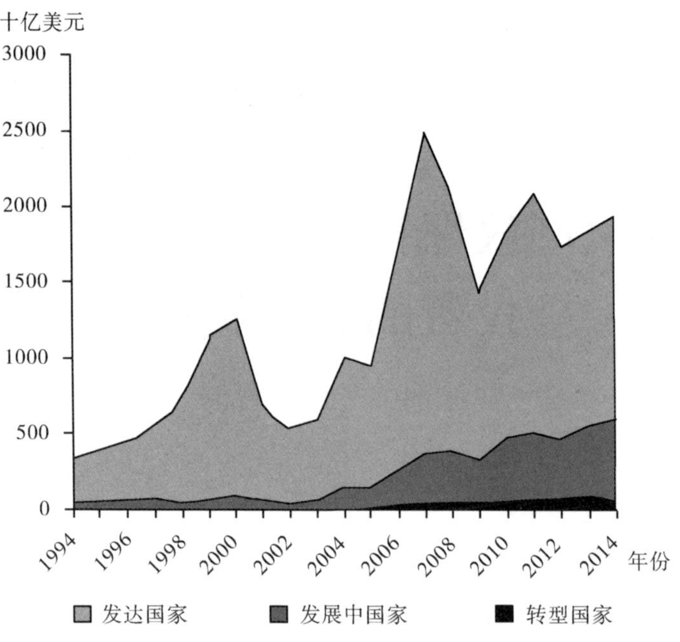

图 6-1　不同经济体外向对外直接投资

过梳理文献可以发现知识的创造及转移会影响外向对外投资活动，这表明技术资源影响了对外投资活动，而知识产权保护会影响本国技术的积累（Chen and Puttinan，2005），这会改进跨国公司的所有权优势。但很少有研究涉及知识产权保护对外向对外直接投资的影响机制。

第一节　知识产权保护对外向对外直接投资影响机制的模型构建

一　理论框架与模型

在知识经济时代，IDP 理论不能很好地解释跨国公司受本国制度影响所产生的所有权优势（Andreff，2002），同时也未能考虑到公司的投资行为还会受宏观经济因素的影响。综上所述，我们在 IDP 理论基础上，将两个宏观经济变量以及本国知识产权保护加入模型当中，从而提高模型的解释能力。

最基本的解释外向对外投资活动的理论表明与经济发展相关的变量对外向对外直接投资具有重要影响。这是因为，经济发展的水平帮助本国跨国企业在进行海外投资时很好地形成所有权优势。根植于本国发展水平的所有权优势包括资本实力、高生产率、专业知识和研发活动，这些将对企业对外投资产生很大帮助（Durán and Ubeda，2005）。因此，我们将与国家发展水平相关的变量（GDP/R&D/IFDI）并入模型中。

随着全球化的进一步加深，一些宏观经济形势的变化也会影响企业的海外投资决策。出口型的外向经济会影响企业对海外市场的了解及在海外市场的运行，这会使企业由出口转向海外投资（Kogut，1983）。汇率的上升会使海外投资活动增加，因为此时以投资替代出口会获取更多的利润（Cushman，1985）。因此，我们将出口及汇率都加入模型中。

根据以上论述，我们可得出如下模型：

$$\ln(OFDI) = \alpha + \beta_1\ln(GDP) + \beta_2\ln(R\&D) + \beta_3\ln(IFDI) + \beta_4 EXCR + \beta_5\ln(EXP) \tag{6-1}$$

因变量是母国的外向对外直接投资；母国的人均 GDP 用来指代市场规模；*R&D* 是研发支出与 GDP 之比；*IFDI* 是流入母国的外国直接投资的流量；*EXCR* 是该国货币与美元的汇率；*EXP* 是母国出口与 GDP 的比例。

基于 Stoian（2013）的研究，我们认为跨国公司的所有权优势不仅来自母国的经济和技术发展，也来自有利于本国技术积累的制度。为了探索这些制度对外向对外直接投资的影响，我们将知识产权保护（IPR_j）加入式（6-1）进行拓展，可得式（6-2）：

$$\ln(OFDI) = \alpha + \beta_1 \ln(GDP) + \beta_2 \ln(R\&D) + \beta_3 \ln(IFDI) + \beta_4 EXCR + \beta_5 \ln(EXP) + \beta_6 \ln(IPR) \tag{6-2}$$

知识产权保护指标，在以前的研究中经常使用 G&P 指数指代（Ginarte and Park，1997），在计量中主要是基于法律法规。这一指标主要包括保护的时间跨度、获取专利的主题、是否为国际条约的成员、执行机制及对专利使用人的限制。尽管这一计量方法在某些情况下适用，但是这一测度方法只能衡量某一国家的综合情况，也不能反映知识产权保护随着时间的变化。根据 Awokuse 和 Yin（2010）的研究，我们使用外国专利申请量这一指标来测度某个国家的知识产权保护。不断变化的专利申请数量代表了外国企业对注册地专利保护法律及执行情况的信心。与指数计算方法相比，这一测度知识产权保护的方法能够很好地反映知识产权保护随着时间的变化，测度更为精确。

本章在接下来的步骤当中将按照探索知识产权保护如何影响外向对外直接投资来进行设计。为了达到这一目的，将探讨知识产权保护是如何产生本地企业的所有权优势的。知识产权保护越强，则越有利于本国的研发活动及吸引外国直接投资；研发活动及外商直接投资都有利于本国技术水平的提升，从而有利于所有权优势的形成。综上所述，研发及内向外国直接投资在知识产权保护与外向对外直接投资间可能起到了中介作用。因此，在后面的估计中将知识产权保护的影响路径一分为二，表达式如下：

$$\ln(OFDI) = \alpha + \beta_1\ln(GDP) + \beta_2\ln(R\&D) + \beta_3\ln(IFDI) + \beta_4 EXCR + \beta_5\ln(EXP) + \beta_6\ln(R\&D) \times \ln(IPR) + \beta_7\ln(IFDI) \times \ln(IPR) \quad (6-3)$$

两个交互项表明 R&D 和 IFDI 与 IPR 会产生交互作用，若交互项的影响系数显著则表明该影响路径存在。

二　数据来源及估计方法

（一）样本描述及数据

为了检验概念模型，我们利用 46 个经济体（包括发达国家和发展中国家）1988—2013 年的数据。全球化的背景以及这些国家不断进行的知识产权制度改革使这些国家成为很好的检测理论模型的样本。分析中还将宏观经济变量及母国知识产权保护考虑进模型中。另外，制度的不断改进使我们有机会探索在长的时间跨度内知识产权制度变革对外向对外直接投资的影响。

研究样本包含发达国家和发展中国家。发达国家和发展中国家的海外直接投资活动都较为活跃，而且在与贸易相关的知识产权协定（TRIPS）签订后，各国都在积极地进行知识产权制度改革。外向对外直接投资的数据主要来源于 UNCTAD 数据库，OFDI 的单位是 2000 百万美元。

本章使用的国家水平的数据主要来自世界银行（GDP、

R&D、Export 和 IPR)、UNCTAD (OFDI 和 IFDI)、IMF (Exchange Rate) 三个数据库,详见表 6-1。

表 6-1 主要变量

变量	解释	数据来源
OFDI	母国每年外向 FDI 流量	UNCTAD
GDP	母国人均 GDP	世界银行
R&D	母国研发支出占 GDP 比重	世界银行
IFDI	母国每年接收 FDI 流量	UNCTAD
EXCR	母国货币对美元汇率	IMF
EXP	母国出口量	世界银行
IPR	外国在本国注册专利的数量(用来指代母国知识产权保护强度)	世界银行

与概念模型相一致,模型当中的变量主要从三个方面进行考虑:首先,考虑与 IDP 理论相关,即与经济发展相关的变量。这些变量包括人均 GDP(代表经济发展状况)、R&D 支出占 GDP 的比例(代表技术发展状况)和每年接收的外国直接投资流量(代表了技术转移的情况)。其次,考虑宏观经济情况,这些变量包括出口(代表了出口总量及在国际市场上的出口活动)和汇率(代表了国家金融稳定情况)。最后,考虑影响技术积累的制度因素(代表了知识产权制度的改革情况)。

(二)分析方法

与 Buckley 等(2007)相类似,我们使用两种方法来对模型进行估计:混合最小二乘(POLS)和随机影响(RE)。使用 LM 检验来确定两者中哪个方法更适用于模型的估计。根据检验结果，可确定 RE 方法优于 POLS 方法。Hausman 检验结果同时也表明 RE 方法估计结果更优。随机模型的估计方法使得我们可以在模型中考虑时间虚拟变量的存在，另外随机方法可以使我们将未列入样本的其他国家的影响规律进行推广。为了说明在已有模型基础上拓展模型的改进情况，计算的模型包括：(1) 只包括 IDP 变量的模型（模型 1、模型 4 和模型 7），(2) IDP 和宏观经济变量模型（模型 2、模型 5 和模型 8），(3) IDP、宏观经济变量和本国知识产权保护（模型 3、模型 6 和模型 9）。

为了解决模型的内生性问题，在模型估计过程中对大多数自变量进行一阶滞后。这些变量主要包括 GDP、R&D、IFDI、Export、IPR×R&D 和 IPR×IFDI。这样的处理并不影响最终的回归结果，而且增加模型的稳健性，表明不存在反向的因果关系，即不存在内生性的问题。

第二节 结果与讨论（国家水平）

表 6-2 给出了总体描述性统计的结果。这些变量包括人均 GDP、R&D、IFDI、汇率、出口和知识产权保护。相关系数矩阵（见表 6-3）表明数据不存在多重共线性问题。表 6-4 中的单位根检验表明数据是平稳的。通过计算 VIF 值来确定是否存在多重共线性问题，模型 VIF 值为 6. 304（小于 10），表明不存在多重共线性问题。

表 6-2　　统计性描述

	发展中国家				发达国家			
	均值	方差	最大值	最小值	均值	方差	最大值	最小值
OFDI（百万美元）	17233	348.97	101000	0.001	87443	678.77	393518	15.78
GDP（美元）	4.76e+11	5.79e+5	4.86e+12	9.98e+10	1.68e+12	2.04e+6	1.45e+13	1.07e+10
R&D（%）	0.54	0.71	1.98	0.047	2.76	1.22	5.498	0.43
IFDI（百万美元）	7789	857.1	96125	689.3	1433	903.56	314007	-1.52
EXCR	0.383	0.036	0.721	0.0002	0.498	0.016	1.071	0.0006
EXP（%）	27.05	1.02	35.88	6.57	34.22	4.03	230.27	9.05
IPR	8188	793.02	117464	7	14721.62	506.71	283781	49

表 6-5 中的 R^2 值表明与纯粹的 IDP 理论相比，拓展了 IDP 理论的解释能力。这一结果支持了将宏观经济变量及知识产权保护并入 IDP 模型会使模型更完善的论断。从表 6-5 中可以看出，与 IDP（Dunning，1981，1986，1988）理论相一致，一个国家的人均 GDP 越高，则产生的外向对外直接投资也越多，GDP 代表了一个国家的市场规模及消费能力，形成了一国对外进行投资的重要基础（Goh and Wong，2011；Stoian，2013；Saad et al.，2013）。传统的 IDP 理论将 GDP 视作一国经济发展水平，决定了所有权优势（Dunning，1981，1986；Dunning and Narula，1996）。本章研究结果对传统的 IDP 理论提供了进一步的支持，经济发展为所有权优势的发展提供了基础，发达国家和发展中国家的跨国公司会继续在海外利用这些优势进一步发展。

关于 R&D 对外向对外直接投资的影响，研究发现外向对外直接投资与 R&D 具有正相关关系。R&D 是跨国公司进行海外投资时可以利用的重要资源，跨国公司可以利用其独特的技术优势来获取海外投资的利润（Dunning，1993）。这意味着一个国家技术发展水平越高，则越有利于该国公司进行海外投资。先进的技术有利于公司所有权优势的形成，R&D 活动有利于公司技术的积累。另外，公司依赖于前期的研发能力，这将成为吸收新知识的重要基础（Cohen and Levinthal，1990；Kafouros and Buckley，2008）。因此，R&D 提升了公司所有权优势，有利于企业进一步在海外进行投资活动。

表 6-3　　相关系数

	OFDI	GDP	R&D	IFDI	EXCR	EXP	IPR
发达国家							
OFDI	1. 000						
GDP	0. 366	1. 000					
R&D	0. 285	0. 288	1. 000				
IFDI	0. 182	0. 118	0. 074	1. 000			
EXCR	0. 031	0. 438	0. 015	0. 003	1. 000		
EXP	0. 291	0. 105	0. 005	0. 177	−0. 005	1. 000	
IPR	0. 440	0. 411	0. 274	0. 421	0. 053	0. 092	1. 000
发展中国家							
OFDI	1. 000						
GDP	0. 209	1. 000					
R&D	0. 102	0. 060	1. 000				
IFDI	0. 303	0. 417	0. 204	1. 000			
EXCR	0. 036	0. 181	0. 017	0. 082	1. 000		
EXP	0. 303	0. 703	0. 045	0. 089	0. 155	1. 000	
IPR	0. 340	0. 014	−0. 174	−0. 021	0. 003	0. 016	1. 000

表 6-4　　单位根检验

变量	LLC	Breintung	IPS	Fisher-ADF	Fisher-PP
lnOFDI	−3. 914***	−2. 050***	−5. 941***	261. 003**	309. 014**
lnGDP	−7. 121***	−3. 801***	7. 023	407. 089***	504. 625***

续表

变量	LLC	Breintung	IPS	Fisher-ADF	Fisher-PP
lnR&D	-8.056***	-3.171***	-9.019***	522.317***	346.052**
lnIFDI	-7.168***	-10.121***	-9.903***	207.474***	107.081
lnEXP	-10.136***	16.078	-25.709***	409.080***	216.309*
lnIPR	-5.801***	-4.406***	-7.636***	483.692***	388.224***

注：* 表示 10%的显著水平，** 表示 5%的显著水平，*** 表示 1%的显著水平。

外向对外直接投资与内向外国直接投资也存在正相关关系。这表明后者使得该国公司获得所有权优势，而这种优势是通过技术转移获得的。另外，跨国公司也可能以某地区为跳板，对其周围地区进行再投资。吸收国外的直接投资是母国进行海外投资的潜在推动因素，因此内向外国直接投资与外向对外直接投资具有正相关关系。

汇率与外向对外直接投资存在正向的影响关系，研究结果与对俄罗斯和马来西亚的研究结论相类似（Kalotay and Sulstarova，2010；Saad et al.，2014）。研究表明外向对外投资活动受汇率影响，根据 Maskus（1997）的研究结论，一国货币的升值会使海外的投资活动成本更低。汇率的上升虽然使得出口受负面影响，但可以通过对外投资的增加来弥补。

研究结果还表明，出口也是一国企业进行海外投资的重要推动力量，出口收益是海外投资的基础，这与先前研究结论相一致（Seungjin，2000；Kueh et al.，2008，2009；Goh and Wong，2010）。出口外向型经济有利于本国企业了解海外市场，跨国企业在下一步的战略当中会以投资替代出口。

本章的主要焦点是知识产权对外向对外直接投资是否具有影响。研究结果表明，知识产权保护对外向对外直接投资的影

表 6-5　知识产权保护对外向对外直接投资的影响

	因变量（外向对外直接投资）								
	混合样本			发展中国家			发达国家		
	模型 1（RE）	模型 2（RE）	模型 3（RE）	模型 4（RE）	模型 5（RE）	模型 6（RE）	模型 7（RE）	模型 8（RE）	模型 9（RE）
GDP	1.060*** (0.000)	3.391*** (0.000)	1.340*** (0.000)	2.762** (0.043)	4.055*** (0.002)	2.762** (0.042)	0.902*** (0.000)	0.956*** (0.000)	0.902*** (0.000)
R&D	0.938*** (0.000)	0.733** (0.022)	0.332 (0.251)	0.546*** (0.000)	0.449*** (0.003)	0.546*** (0.000)	0.876*** (0.000)	0.935*** (0.000)	0.876*** (0.000)
IFDI	0.540*** (0.000)	0.540*** (0.000)	0.625*** (0.000)	0.631*** (0.000)	−0.016 (0.930)	0.631*** (0.000)	0.375*** (0.000)	0.277*** (0.000)	0.375*** (0.000)
EXCR		0.311 (0.333)	0.036 (0.898)		0.243 (0.710)	1.60** (0.012)		0.075 (0.529)	0.101* (0.063)
EXP		−0.006 (0.122)	0.013*** (0.000)		0.014*** (0.000)	0.015*** (0.000)		0.016*** (0.000)	0.015*** (0.000)
IPR×R&D			0.003 (0.993)			−0.281* (0.078)			0.066*** (0.003)
IPR×IFDI			0.018** (0.021)			0.026** (0.042)			0.002 (0.690)

续表

	因变量（外向对外直接投资）								
	混合样本			发展中国家			发达国家		
	模型 1（RE）	模型 2（RE）	模型 3（RE）	模型 4（RE）	模型 5（RE）	模型 6（RE）	模型 7（RE）	模型 8（RE）	模型 9（RE）
常数项	−22.540*** （0.000）	−84.570*** （0.000）	−32.720*** （0.000）	−15.210*** （0.000）	−9.968*** （0.007）	−15.210*** （0.000）	−19.920*** （0.000）	−20.660*** （0.000）	−19.930*** （0.000）
Hausman 检验	676.022 （0.000）	873.444 （0.004）	803.714 （0.000）	719.031 （0.001）	609.361 （0.000）	804.042 （0.005）	683.029 （0.000）	746.233 （0.000）	568.705 （0.001）
LM 检验	134.6*	207.3*	155.1*	121.9*	176.2*	185.5*	155.1*	203.8*	188.9*
R^2	0.373	0.594	0.689	0.483	0.501	0.747	0.372	0.518	0.809
观测值	800	800	800	320	320	320	480	480	480

注：* 表示 10%的显著水平，** 表示 5%的显著水平，*** 表示 1%的显著水平。

响会随着经济的发展而产生变化。R&D 和 FDI 在知识产权保护与 OFDI 的关系中起到了中介作用，但在发达国家和发展中国家的影响机制却并不相同。在发达国家，R&D 起到了中介作用，而在发展中国家起中介作用的是 FDI。有效的知识产权保护会降低在不确定商业环境及“游戏规则”中的交易成本，允许跨国企业依赖自身的技术优势和生产效率形成所有权优势。在发展中国家与在发达国家，制度所起到的作用也并不相同（Meyer and Peng，2005；Wright，Filatotchev，Hoskisson，and Peng，2005），相同水平的 R&D，发达国家更高的知识产权保护使得其跨国公司从相同的技术资源中获取更多的垄断利润，这会鼓励公司持续进行创新，公司还会通过海外投资扩大其所有权优势；但在发展中国家，较弱的知识产权保护实际上阻碍了研发活动的进行，这对这些国家公司所有权优势的形成不利，因此降低了他们的海外投资意愿。

知识产权保护依赖于 FDI 而对外向对外直接投资产生影响，由于发展中国家的知识产权保护确保了跨国公司的利益，FDI 通过技术转移的方式提升了该国企业的所有权优势，从而推动了海外直接投资；而在发达国家，由于所有权优势的形成主要依赖于其核心技术，与核心技术相比，FDI 的影响并不显著。知识产权保护在发达国家通过确保垄断利润的形成而不断激发企业创新活力，而技术的不断发展又会打破旧有垄断，从而使得国家整体技术不断改进。在发展中国家，一定程度的知识产权保护一方面促进跨国公司技术的转移，另一方面加剧了市场竞争，使得国内企业技术不断升级。

第三节　发展中国家影响机制

在表6-6中通过对式（6-3）的估计来检验知识产权保护在发展中国家的影响路径。将流入发展中国家的FDI按照来源的不同分为发达国家对发展中国家投资和发展中国家间投资两个组。研究结果表明，发展中国家知识产权保护通过发展中国家间投资对外向对外直接投资产生正面影响，而通过发达国家对发展中国家投资产生负面影响。

表6-6　知识产权保护在发展中国家对外向对外直接投资的影响

	发达国家对发展中国家投资	发展中国家间投资
	（1）RE	（2）RE
GDP	1.747* (0.082)	1.699** (0.030)
R&D	0.286** (0.044)	0.286* (0.074)
IFDI	0.231** (0.030)	0.298** (0.046)
EXCR	1.011*** (0.002)	0.319*** (0.000)
EXP	0.933*** (0.000)	0.414** (0.033)
IPR×R&D	-0.473** (0.018)	-0.437* (0.078)
IPR×IFDI	0.718** (0.022)	-0.053** (0.022)
常数项	-3.19*** (0.000)	-1.19*** (0.000)
Hausman 检验	744.222 (0.000)	796.885 (0.000)
LM 检验	172.66*	191.03*

续表

	发达国家对发展中国家投资	发展中国家间投资
	(1) RE	(2) RE
R^2	0.704	0.792

注：* 表示 10%的显著水平，** 表示 5%的显著水平，*** 表示 1%的显著水平。

那么，当考虑 FDI 来源的时候产生不同作用路径的原因是什么。Gelb（2005）提出技术差距会影响技术接受或将外部知识内化为自身技术的能力。投资者会受到制度距离的影响，他们更愿意向制度近似的国家进行投资（Bénassy-Quéré，2007；Habib and Zurawicki，2002）。因此，知识产权制度距离阻碍了发达国家向发展中国家投资的步伐，不利于所有权优势的形成。而发展中国家的公司有过在制度较差国家的经营经历，他们更愿意向制度近似的发展中国家进行投资（Cuervo-Cazurra and Genc，2008；Darby et al.，2009）。近似的知识产权保护会减少他们之间投资的障碍，并且近似的技术水平有利于技术的吸收，有利于技术优势的形成及海外投资活动。这说明在拓展海外市场之前，技术的吸收应当倾向于优先吸收发展水平相近的国家的技术，这也说明企业技术的进步具有路径依赖，应当由低到高，逐步进行。

第四节　结论及启示

一　理论启示

本章的目的在于探索知识产权保护在发达国家和发展中国

家对外向对外直接投资的影响机制。这一研究的背后动机在于检测拓展的IDP理论是否能够更好地解释海外投资活动，拓展模型在IDP理论基础上考虑了宏观经济变量及本国知识产权保护。选取样本检验所构建的理论模型较为理想，这些国家的海外投资都较为活跃，且积极地进行知识产权制度的改革，因此，本章认为可以将制度变量并入已有的以探讨所有权优势为主的模型（Dunning and Lundan，2008）。

知识产权保护对外向对外直接投资的影响机制会随着经济的发展而产生变化。在发展中国家，FDI在这一关系中起到了中介作用；而在发达国家，主要是R&D起到了中介作用。进一步将发展中国家的样本分为发达国家对发展中国家投资和发展中国家间投资两种，则会发现发展中国家知识产权保护通过发展中国家间投资的中介作用对外向对外直接投资产生正面影响，而通过发达国家对发展中国家投资产生的中介作用有负面影响。

二 政策启示

本国的经济发展是产生对外投资的基础，政府应当采取利于本国经济发展的政策。随着经济的发展，慢慢会衍生出利于本国企业进行海外投资的竞争优势，因此政府可以通过鼓励经济发展而扩大海外投资。

结果表明，除了发展传统理论中本国内生的优势，外部的宏观经济也会对海外投资产生重要影响。因此，政府还需要培育有利于出口的环境及稳定的货币政策。

知识产权保护的影响机制表明，要想发展本国企业的所有权优势，在发达国家，除了加强知识产权保护还要采取鼓励R&D的政策，两者共同使用可以实现企业的技术优势；而在发展中国家，在保持适度知识产权保护的同时，还应该鼓励引进外资，尤其要注重发展水平相近国家的外资引进。

第七章

知识产权保护、移民与竞争力

在金融危机后的今天，经济阴霾还在笼罩全世界。经济恢复的迹象还不明显，并且充满了不确定性，这表明全世界已经进入了低增长、低生产率和高失业的新常态。国际形势的动荡增加了经济恢复的不确定性。面对脆弱的经济及地区动乱，一个国家的竞争力被认为是经济增长及恢复的主要动力，这也表明那些具有竞争力的国家能够更好地应对危机。竞争力的重要性很自然地引出一个问题：竞争力的决定力量都有哪些？

通过对以往文献的梳理可以发现，研发、创新和 FDI 对于竞争力的提升都有显著影响（Makin and Ratnasiri，2015；Takakuwa and Veza，2015；Fundeanu and Badele，2014；Bujancă and Ulman，2015）。这些因素都是从技术角度进行考虑，这表明技术的积累会对竞争力的提升起到积极作用。而知识产权保护作为对创新具有重要影响的制度因素会影响本国技术积累（Chen and Puttinan，2005）。另外，移民也可以被看作技术转移的一种形式（Williams，2007；Oettl and Agrawal，2008）。这两者在已有研究中鲜有涉及。移民的重要性可以从两点得到反映：首先，那些来自发展中国家的移民构成了发达国家创新人员的重要组成部分。其次，这些掌握先进技术的移民不仅是发达国家的创新源泉，也是发展中国家的智力资本。综上所述，移民对于移民输出国和移民流入国都非常重要。移民输出国的知识产权保护对外流移民的归国提供了制度激励。本章主要探讨知识产权保护对于移民对竞争力影响的调节作用。

第一节　知识产权保护、移民与竞争力模型构建

一　理论框架与模型

（一）研究假设

移民对于本国技术的积累是通过受到更好训练的、更有技术经验的移民返回母国的方式来实现的。本章的概念模型主要是检验知识产权保护对移民与竞争力关系的调节作用。研究提出，知识产权保护对于竞争力的提升主要是通过增加知识的扩散以及技术的转移，因而使得移民可以通过跨国关系网络获取先进的技术。尽管在短期内，移民的流出对输出国而言意味着人才的流失，但移民可以在发达国家接触到先进的和新的技术，而先进技术有可能被回流的移民带回到人才输出国。

对于移民来说，进行技术转移主要有两种渠道：一种最普遍的方式是移民人员回国；另一种方式是移民将学习到的最新

的信息和技能传递回国内（Kerr，2008）。

知识产权保护对于竞争力的提升主要是通过赋予投资者专利的形式实现的。完善的专利保护会为创新提供动力，使得高技能的工作岗位更具吸引力。知识产权保护为本国的创新活动提供了一个必要的环境，为海外具有高技术能力的移民归国提供了利益保障机制。本书将知识产权保护作为调节变量来说明其对移民与竞争力间关系的影响，更好的知识产权保护会吸引具有技术技能的移民回流，从而提升竞争力。

（二）计量模型

基于 Dosi 等（1990）的研究，可以将竞争力定义为技术优势和成本优势的函数。根据 Alvarez 和 Marin（2013）的研究，可以将高科技出口占制造业出口的比例作为一个国家竞争力的指代变量。那么，竞争力和它的影响变量之间的关系如下：

$$Hightech_{it} = f(C_{it}^{\alpha} T_{it}^{\beta}) \tag{7-1}$$

$Hightech_{it}$ 是指高科技出口的比例，代表了一个国家的竞争力；C_{it}代表了成本变量，主要是指劳动力成本；T_{it} 代表了技术水平；下角标 it 是指在时间 t 的移民输出国 i。

基于对竞争力影响因素的文献综述分析，可以将模型（7-1）拓展为如下：

$$\ln Hightech_{it} = \alpha_0 + \alpha_1 \ln Wage_{it} + \alpha_2 \ln Patents_{it} + \alpha_3 R\&D_{it} + \beta_1 \ln FDIinward_{it} + \beta_2 \ln Migrant + \beta_3 IPR \times Migrant \tag{7-2}$$

$Wage$ 是指单位劳动力成本；$Patents$ 指人口输出国的专利申请量，反映了一个国家的创新能力；$R\&D$ 是移民输出国 R&D 支出与 GDP 的比例，反映了国家的技术吸收能力；*FDIinward* 是流入移民输出国的 FDI 的流量，表明通过 FDI 活动实现的技术转移；*Migrant* 是移民的数量，代表通过移民实现的技术转移。*IPR* 是知识产权保护指标，以前的研究中经常使用 G&P 指数（Ginarte and Park，1997），在计量中主要是基于法律法规。根据 Awokuse 和 Yin（2010）的研究，我们使用外国专利申请量这一指标来测度某个国家的知识产权保护。不断变化的专利申请数量代表了外国企业对注册地专利保护法律及执行情况的信心。与指数计算方法相比，这一测度知识产权保护的方法能够很好地反映知识产权保护随着时间的变化，测度更为精确。

二 数据来源

表 7-1 给出了各个变量的解释及其数据来源，研究选取了 1988—2013 年 46 个国家的数据。图 7-1 则给出了移民及高科技出口的变化趋势。

表 7-1 变量定义及数据来源

变量	定义	数据来源
Hightech	高技术出口占制造业出口比例	世界银行
Wage	人均工资	斯坦福数据库
Patents	每千人拥有专利数	世界银行
R&D	研发支出占 GDP 比重	世界银行
FDIinward	流入母国外国直接投资流量	UNCTAD
Migrant	流入 OECD 国家移民数量	OECD 数据库
IPR	外国申请专利数量（指代知识产权保护强度）	世界银行

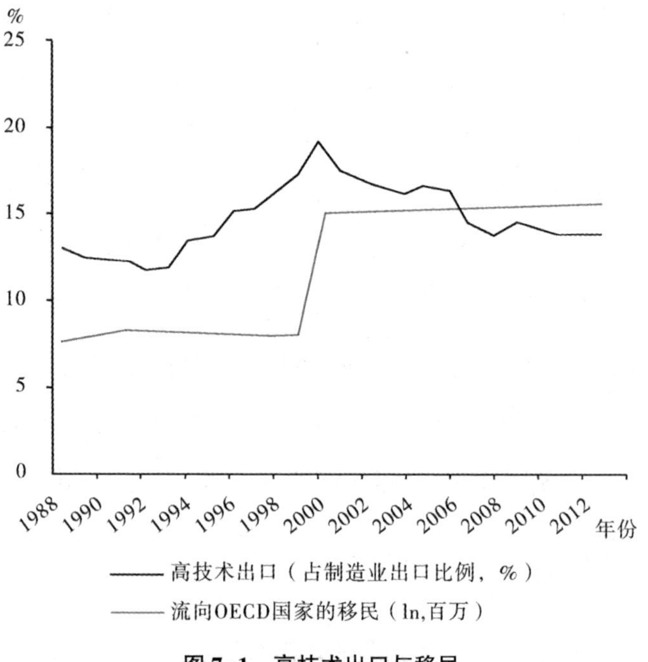

图 7-1　高技术出口与移民

资料来源：(1) 高技术出口：世界银行。(2) 移民：OECD 数据库。

第二节　实证结论

表 7-2 给出了国家水平的统计性描述，包括高技术出口、工资、专利、R&D、内向外国直接投资、移民和知识产权保护。表 7-3 给出了各变量间的相关系数。

表 7-2　描述性统计

	均值	标准差	最大值	最小值
高技术出口	13.37	0.6	74.99	0.00

续表

	均值	标准差	最大值	最小值
专利	25415	345. 2	706717	8
R&D	1. 24	1. 035	4. 523	0
内向 FDI	34849. 05	9820. 49	558317	0. 001
外向 FDI	15561. 2	7812. 43	393518	0. 001
高科技进口	64. 44	4. 93	90. 44	0. 02
移民	8923. 279	25640. 38	1. 105171	283781
IPR	8097	514	46712	4

表 7-3　　　　相关系数

	高技术出口	专利	R&D	内向 FDI	外向 FDI	高科技进口	移民	IPR
高技术出口	1. 0000							
专利	0. 1184	1. 0000						
R&D	0. 2694	0. 2931	1. 0000					
内向 FDI	-0. 3158	-0. 2718	-0. 016	1. 0000				
外向 FDI	0. 2621	0. 2817	0. 3076	0. 0376	1. 0000			
高科技进口	0. 3171	0. 1902	0. 5348	0. 0630	0. 6611	1. 0000		
移民	0. 0954	0. 1950	0. 0841	0. 0322	0. 4793	0. 3426	1. 0000	
IPR	0. 3001	0. 4665	0. 2285	-0. 3205	0. 4769	0. 3380	0. 1632	1. 0000

表 7-4 给出了对国家水平的估计，我们使用最小二乘（OLS）、固定影响（FE）和随机影响（RE）方法三种方法。结果发现，知识产权保护和移民对竞争力的影响会随着经济水平的不同而有所不同。基于发展水平的结果也在表 7-4 中给出。

与前文中大量的研究讨论相一致，发展中国家的估计结果（见表 7-4）表明高技术市场竞争力的提升与劳动力成本、技术创新和技术转移紧密相关。关于劳动力成本（工资）的影响，研究发现在发展中国家的影响为正，这表明发展中国家较低的劳动力成本提高了它们的产品在国际市场上的竞争力。关于本国的创新活动，研究发现技术吸收能力（R&D）的作用非常显著，而技术创造（专利）对竞争力的影响虽然正向但并不显著。当涉及技术转移时，内向 FDI 的影响系数为负并且显著，这可以解释为内向 FDI 对本地企业具有负面的影响，而这一影响主要是由于外部负面影响的存在（Aitken and Harrison，1999）。

发达国家各影响因素对国家竞争力的影响（见表 7-4），与发展中国家有很大不同。较高的劳动力成本对高技术出口具有负面影响，技术创造能力对于发达经济体竞争力的提升起到了重要作用，而技术吸收能力对竞争力的影响却并不显著。这些结论可以从专利的正向且显著的系数以及 R&D 的不显著的系数看出来。对于技术转移而言，内向 FDI 的作用并不显著，这是因为与其他的影响因素相比，技术转移所起的作用比较微小。

表 7-4　　知识产权保护对移民与竞争力关系的调节作用

	因变量（高技术出口）					
	发展中国家			发达国家		
	OLS（1）	FE（2）	RE（3）	OLS（4）	FE（5）	RE（6）
专利	0.1966 （0.294）	0.203 （0.104）	0.188 （0.211）	0.2477*** （0.000）	0.248*** （0.000）	0.288** （0.000）
R&D	0.416*** （0.000）	0.392** （0.014）	0.401** （0.026）	0.0384 （0.103）	0.0334 （0.270）	0.0299 （0.305）
内向 FDI	-0.112*** （0.004）	-0.104* （0.055）	-0.138** （0.030）	0.0131 （0.116）	0.0271 （0.193）	0.0112 （0.202）
外向 FDI	0.257** （0.033）	0.301** （0.021）	0.251*** （0.000）	0.0886*** （0.004）	0.0915*** （0.000）	0.0743*** （0.004）
高技术进口	1.411** （0.019）	1.022* （0.077）	1.290** （0.012）	0.424* （0.076）	0.464** （0.048）	0.411* （0.052）
IPR×移民	0.248*** （0.000）	0.256** （0.018）	0.219*** （0.005）	0.057*** （0.000）	0.042** （0.033）	0.052*** （0.008）

续表

因变量（高技术出口）						
	发展中国家			发达国家		
	OLS（1）	FE（2）	RE（3）	OLS（4）	FE（5）	RE（6）
常数项	-38.086*** （0.000）	-20.59*** （0.000）	-20.53*** （0.000）	-61.070*** （0.000）	-68.22*** （0.000）	-64.75*** （0.000）
Hausman 检验		679.341 （0.000）			778.203 （0.000）	
R^2	0.823	0.901	0.847	0.722	0.718	0.669
观测值	676	676	676	650	650	650

注：* 表示 10%的显著水平，** 表示 5%的显著水平，*** 表示 1%的显著水平。

研究的核心问题在于探讨知识产权保护对移民与竞争力关系的调节作用。与先前的研究相类似（Beine et al.，2001；Stark，2005），移民的负面影响表明移民本身会导致人才流失。而知识产权保护与移民的交互作用为正，表明知识产权保护主要是通过其对移民的调节作用而实现对国家竞争力的提升作用，而移民在此主要是作为技术转移来处理，知识产权保护的这一调节作用在发展中国家要比发达国家更大。根据 Maria 和 Lazarova（2011）的研究，移民对经济的影响主要与移民输出国技术水平有直接关系（其接近最先进技术的程度）。知识产权保护的作用与此类似，移民输出国技术与先进技术的水平越接近，其影响越小，最后甚至消失。在发展中国家知识产权保护保护了归国移民的权益，从而激发本国的创新活动，而这些创新活动使得本国生产产品在国际市场上更具竞争力；在发达国家，由于它们的技术与国际先进技术更为接近，提升作用有限。由以上结论可以看出，放松人口流动限制对一个国家经济的影响可能是积极的，也可能是消极的，这主要取决于是否有吸引移民回流的相关政策措施。移民作为一种特殊的技术转移载体，不仅带来当下先进技术，也会为移民输出国后续创新提供持续动力。知识产权保护的加强有利于本国竞争力的提升，而且与先进技术差距越大的国家通过这一政策也有利于实现其目标。对于受限于经济发展水平不宜制定过高知识产权保护标准的国家，则应提高公共服务或针对性的人才优惠措施来弥补宏观环境的劣势。

以上的分析实际上将移民作为技术转移的一种方式及智力资本进行考虑。Malhotra（2000）提出人力资本是智力资本的四个构成要素之一，人力资本（Bontis，2001）是个人的资产属性，其不能够仅仅为企业组织所有，这暗示了归国移民尤其是女性移民对竞争力的贡献不仅会受到企业组织的影响，也会受到更广泛的外部条件的影响。因此，研究将聚焦于女性移民，探索其是否受外部条件的影响。在表 7-5 中探讨了知识产权保护的调节作用是否由于移民性别的区分呈现不同的影响。在估计中，仍然使用 OLS、FE 和 RE 方法。研究结果表明，知识产权保护的调节作用会随着经济水平的提升呈现“U”形。

那么，将研究的移民对象聚焦于女性后，知识产权保护的调节作用随经济发展呈现“U”形。国家水准的研究表明女性劳动参与度（FLPR）与经济的发展会呈现“U”形关系（例如，Cagatay and Özler，1995；Goldin，1995；Pampel and Tanaka，1986），Tam（2008）和 Tsani 等（2013）的研究也都表明这一影响关系在不同的经济体成立。Lagerlöf（2003）和 Tam（2008）的研究表明人口增长与经济发展的关系是倒“U”形的，这就可以很好地解释女性参与度与经济发展的“U”形关系。照顾婴儿会消耗女性大量的时间，而随着经济发展人口经历先增长后降低的过程，女性的劳动参与度会经历先下降后上升的过程，在后期经济的发展促使收入的上升，女性的劳动参与度也会提高。Badgett 和 Folbre（2003）的研究表明女性在选择职业时会将家庭责任考虑在内，而且最近的一些研究还表明即便是对于一些受过高等教育的女性，婴儿的抚育负担也会影响她们在劳动市场上的参与程度（Tan and Subramaniam，2013；Cho and Cho，2015）。因此，我们可以推断这些受到良好教育及掌握熟练技能的女性移民在劳动市场上的参与程度同样要受到类似的影响。如图 7-2 所示，用上边的曲线来指代女性劳动参与度与经济发展关系，中间的直线指代知识产权保护与经济发展关系，知识产权保护对女性移民与竞争力间关系的调节作用应当是以上两方面共同作用的结果（由下边的曲线指代）。其意义解释为知识产权保护会对移民的归国提供制度保障，对于归国的女性移民其对企业竞争力的贡献程度除了受经济因素影响，还会受抚育婴儿和照顾家庭的影响，IPR 的最终调节作用也会受女性劳动参与度的影响。

表 7-5　知识产权保护对移民与竞争力关系的调节作用（女性移民）

因变量（ln 高技术出口）									
	低收入国家			中等收入国家			高收入国家		
	OLS（1）	FE（2）	RE（3）	OLS（4）	FE（5）	RE（6）	OLS（7）	FE（8）	RE（9）
专利	0.0103 （0.107）	0.0099 （0.115）	0.0112 （0.286）	0.1932 （0.114）	0.2430 （0.179）	0.1980 （0.321）	0.2880*** （0.000）	0.2060*** （0.000）	0.2370** （0.000）
R&D	0.2240* （0.099）	0.2020** （0.047）	0.2240*** （0.009）	0.4020*** （0.000）	0.4040** （0.044）	0.3970** （0.041）	0.0249 （0.250）	0.0258 （0.124）	0.0303 （0.109）

续表

因变量（ln 高技术出口）									
	低收入国家			中等收入国家			高收入国家		
	OLS（1）	FE（2）	RE（3）	OLS（4）	FE（5）	RE（6）	OLS（7）	FE（8）	RE（9）
内向 FDI	-0.2400 * (0.084)	-0.1920 * (0.052)	-0.1950 ** (0.016)	-0.1030 ** (0.046)	-0.1090 * (0.063)	-0.1080 * (0.022)	0.0102 (0.213)	0.0117 (0.104)	0.0193 (0.103)
外向 FDI	0.0190 (0.305)	0.0280 (0.171)	0.0200 (0.216)	0.2590 * (0.053)	0.2670 ** (0.011)	0.2810 (0.177)	0.0942 ** (0.024)	0.0855 * (0.054)	0.0915 ** (0.030)
高技术进口	2.392 ** (0.019)	1，988 ** (0.030)	2.041 * (0.066)	1.471 * (0.089)	1.443 * (0.067)	1.272 ** (0.042)	0.345 ** (0.026)	0.369 ** (0.048)	0.408 * (0.077)
IPR×移民	0.207 *** (0.008)	0.211 * (0.086)	0.206 ** (0.033)	0.020 *** (0.000)	0.014 ** (0.004)	0.018 *** (0.005)	0.036 *** (0.007)	0.031 ** (0.020)	0.049 *** (0.009)
常数项	-26.911 *** (0.000)	-27.990 *** (0.000)	-25.113 *** (0.000)	-36.616 *** (0.000)	-29.150 *** (0.000)	-27.031 *** (0.000)	-56.670 *** (0.000)	-58.090 *** (0.000)	-60.130 *** (0.000)
Hausman 检验		775.204 (0.000)			634.765 (0.000)			899.031 (0.000)	
R^2	0.602	0.683	0.709	0.801	0.622	0.783	0.746	0.707	0.686
观测值	122	122	122	127	127	127	326	326	326

注：高收入国家：人均 GDP>9206 美元；中等收入国家：745 美元<人均 GDP≤9206 美元；低收入国家：人均 GDP≤745 美元。* 表示 10%的显著水平，** 表示 5%的显著水平，*** 表示 1%的显著水平。

第三节　结论及启示

当今脆弱经济的复苏需要每个国家都要不断地提升竞争力。已有的研究认为劳动力成本、技术因素（如技术创新能力、技术吸收能力）以及技术转移成为一国提高竞争力的重要影响因素。但在已有的技术因素当中，很少将移民产生的技术转移考虑在内。本章展开这一研究，并且探讨了知识产权保护会对这一关系产生的调节作用。

本章对已有理论提供了新的支持，研究结果表明知识产权

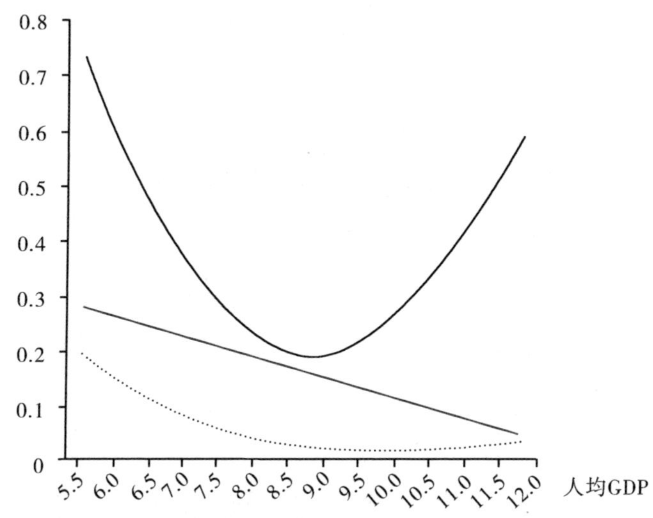

图 7-2 知识产权保护对于女性移民与竞争力关系的调节作用

保护所产生的调节作用在发达国家和发展中国家不同，即这一影响随着经济的发展会有所不同。知识产权保护的这一调节作用在发展中国家要比在发达国家更大，也就是说，这一影响随着移民输出国技术水平与先进技术的不断接近而不断减小。当将研究样本聚焦于女性移民时，发现知识产权保护的调节作用会随着经济的发展呈现“U”形关系。

因此，政策制定者应当加强知识产权保护，从而确立健康的经济制度环境。另外，政府还应加强公共育婴支持力度，这对于国家竞争力的提升至关重要。

第八章

结论与展望

第一节　主要结论

改革开放后的 40 年是中国经济腾飞的 40 年，但在经济高速发展的背后应该看到我国经济实际上存在很大问题，长期依靠低端产品出口及外资驱动的模式并不能持续。产业升级是解决经济结构不合理、经济增速下降的关键。同时，我国已经到了从利用外资到企业“走出去”的时间节点，这些都离不开国内企业技术的积累，离不开国家宏观制度环境的保障。本书借助于多种数量分析方法，通过分析知识产权保护对出口升级以及外向对外直接投资的影响机制，主要得到以下几点结论。

（1）R&D 和 FDI 在知识产权保护对出口质量的提升中起中介作用。在知识产权保护依赖 R&D 对出口质量产生影响的路径上，知识产权保护在发达国家的影响显著，而在发展中国家影响则不显著。在发达国家，对于相同水平的 R&D，知识产权保护越高，发达国家公司越愿意生产更多高质量的产品，这就有利于提升发达国家产品的总体质量；而在发展中国家由于研发活动的不活跃，知识产权保护通过这一路径产生的影响不显著。对于依靠 FDI 产生影响的这一路径，在发达国家及发展中国家都显著，这表明知识产权保护保障了发展中国家和发达国家的外国直接投资者的利益，从而有利于技术的扩散，技术扩散促进该国生产更高质量的产品。知识产权保护对不同产业出口产品质量产生影响，在 SITC5 和 SITC7 产业中的产品大多与高技术相关，因此在这两个产业中知识产权保护对出口产品质量有显著作用。Besedes 和 Prusa（2006）指出 SITC 7 中产品更为复杂、异质性更强，因此涉及更多的只是交换。所以，知识产权保护在 SITC 7 中的影响比在 SITC 5 中更为突出。中国属于发展中国家，在依据以上结论适度加强知识产权保护的同时，还应当注重对外资的吸引。由于发展阶段的限制，知识产权保护不能提高到发达国家水平，因此应当通过基础设施建设、通信等方面来弥补制度建设的缺失。

（2）关于知识产权保护对出口成熟度的影响。知识产权保护在发达国家和发展中国家对出口成熟度都有正面影响，其中 R&D、FDI 和进口起到了中介作用，但在发达国家和发展中国家有着不同的影响机制。在发达国家，R&D 和 FDI 起到了中介作用，而在发展中国家 FDI 和进口起到了中介作用。因此，知识产权保护的影响路径是随着经济的发展而不断变化的。如果将发展中国家进口和 FDI 来源进行划分，则会发现这一影响在发展中国家起中介作用实际上是发展中国家间的进口以及发达国家向发展中国家的投资。要提高出口产品的成熟度，实际上是提高我国出口产品的技术含量，使得出口产品结构更加合理。在加强知识产权保护的同时，积极吸引外资并扩大高技术进口。

（3）关于知识产权保护在发达国家和发展中国家对外向对外直接投资的影响机制，这一研究的背后动机在于检测拓展的 IDP 理论是否能够更好地解释海外投资活动。拓展模型在 IDP 理论基础上考虑了宏观经济变量及本国知识产权保护。由于这些国家的海外投资都较为活跃，且积极地进行知识产权制度的改革，本书所选取样本检验构建的理论模型较为理想。因此，本书认为可以将已有的以探讨所有权优势为主的分析进行拓展，将制度变量并入模型。知识产权保护对外向对外直接投资的影响机制会随着经济的发展而产生变化，在发展中国家，FDI 在这一关系中起到了中介作用，而在发达国家，主要是 R&D 起到了中介作用。进一步，将发展中国家的样本分为发达国家对发展中国家投资和发展中国家间投资，则会发现发展中国家知识产权保护通过发展中国家间投资的中介作用对外向对外直接投资产生正面影响，而通过发达国家对发展中国家投资的中介作用却是负面的。中国企业要在对外投资中具有竞争力，政府除了提供适度知识产权保护，还要采取吸引外资的措施；对外资的吸引随着国内企业技术实力的增强而增加，要不断提高吸引外资企业的水准，着重吸引比中国企业技术水平高但差距不太大的企业来中国投资。

（4）移民作为知识转移的重要方式，对一国竞争力会产生负面影响，而知识产权保护作为调节变量，对移民的回流具有正向的影响。这一调节作用随着经济的发展不断减弱，即在发展中国家要高于发达国家。另外，如果单考虑女性移民，则知识产权保护对出口竞争力的调节作用会随着经济的发展表现出“U”形关系。中国竞争力的提升，除了对知识产权保护这一制度变量进行改革，还需采取吸引移民的措施；另外，中国具有典型的东亚文化，女性在就业中歧视仍然存在，政府应当加强职业家政服务。

第二节　研究展望

本书分析了知识产权保护对出口质量、出口成熟度、外向对外直接投资以及出口竞争力的作用路径。这些研究为我国应对当前面临的出口及外资方面的压力提供了重要的理论参考。为我国制定当前经济转型所应遵循的政策做出了前期的基础研究，提供了可供参考的研究成果，但由于时间和精力有限，仍存在着可供进一步研究的问题。

（1）本书分析了知识产权保护对出口质量、出口成熟度、出口竞争力及外向对外直接投资的作用路径，但是知识产权保护影响这些宏观经济变量的作用路径不止本书所列举这些，更多的作用路径就需要在政策制定时考虑到各路径之间是协同作用还是相互抑制作用。因此，在合理确定知识产权保护措施的同时，还应有针对性地加强有利于强化中介变量作用的政策措施，这对促进宏观经济各方面的协调发展更为有利，以此来制定科学而合理的产业经济升级目标是笔者下一步研究的方向。

(2) 影响本国出口升级及对外投资的因素很多，如 GDP、教育状况、R&D 和吸收 FDI 状况。经过梳理可以发现这些因素主要是从母国角度进行考虑的，这也是本书在选择变量时的前提假设。然而，在实际当中一国出口及对外投资都属于国际经济部分，不可避免地会受到国际宏观经济条件的影响。另外，出口及对外直接投资的东道国的一些影响因素也必然会对出口及对外投资活动造成影响，这些在本书中暂时无法对这些影响关系进行深入的分析和讨论，而且还可能存在着诸多其他因素的影响。因此在本书中，计量模型是研究经济系统中影响因素、影响关系的一种常用而且有效的方法，但是也存在着一定的局限性，例如较多地分析线性的关系，而在各个经济变量之间，可能存在着大量的非线性关系。因此，选择更合适的方法来更加全面地综合研究制度建设对产业升级、出口升级及对外投资影响关系特征，也是笔者下一步研究的问题。

参考文献

Aharoni, Y., Hirsch, S., "Enhancing Competitive Advantages in Technological Intensive Industries", in Dunning, J. H., Hamdani, K. A. eds., *The New Globalism and Developing Countries*, United Nations University Press, 1997.

Aitken, B. J. and A. E. Harrison, "Do Domestic Firms Benefit from Direct Foreign Investment? Evidence from Venezuela", *American Economic Review*, 1999, 89 (3): 605-618.

Alvarez, I., Marin, R., "FDI and Technology as Levering Factors of Competitiveness in Developing Countries", *Journal of International Management*, 2013, 19 (3): 232-246.

Amable, B., Verspagen, B., "The Role of Technology in Market Shares Dynamics", *Applied Economics*, 1995, 27 (2): 197-204.

Amendola, G., Dosi, G., Papagni, E., "The Dynamics of International Competitiveness", *Weltwirtsch. Archiv*, 1993, 129 (3): 451-471.

Amighini, A., and M. Sanfilippo, "Impact of South - South FDI and Trade on the Export Upgrading of African Economies", *World Development*, 2014, 64: 1-17.

Amiti, M., and Freund, C., "The Anatomy of China's Export Growth", in *China's Gowing Role in World Trade*, Chicago: University of Chicago Press, 2010.

Amsden, A. H., "The Direction of Trade Past and Present and the 'Learning Effects' of Exports to Different Directions", *Journal of Development Economics*, 1986, 23: 249-274.

Andreff, W., "The New Multinational Corporations from Transition Countries", *Economic Systems*, 2002, 26 (4): 371-379.

Aw, B., Roberts, M., Xu, D., "R&D Investments, Exporting and the Evolution of Firm Productivity", *American Economic Review: Papers and Proceedings*, 2008, 98: 451-456.

Awokuse, T.O., Yin, H.,"Does Stronger Intellectual Property Rights Protection Induce More Bilateral Trade? Evidence from China's Imports", *World Development*, 2009, 38: 1094-1104.

Awokuse, T.O., Yin, H., "Intellectual Property Rights Protection and the Surge in FDI in China", *Journal of Comparative Economics*, 2010, 38: 217-224.

Badgett, M. V. L., and Folbre, N., "Job Gendering, Occupational Choice and the Marriage Market", *Industrial Relations*,

2003, 42 (2): 270–298.

Barry, F., Holger, G., and McDowelll, A., "Outward FDI and the Investment Development Path of a Late–Industrializing Economy: Evidence from Ireland", *Regional Studies*, 2003, 37 (4): 341–349.

Bas, M., Strauss, K. V., "Input–Trade Liberalization, Export Prices and Quality Upgrading", *Journal of International Economics*, 2015, 95: 250–262.

Beine, M., Docquier, F., Rapoport, H., "Brain Drain and Economic Growth: Theory and Evidence", *Journal of Development Economics*, 2001, 64 (1): 275–289.

Bellak, C., "The Austrian Investment Development Path", *Transnational Corporations*, 2001, 10 (2): 107–134.

Berkowitz, D., Moenius, J., Pistor, K., "Trade, Law and Product Complexity", *The Review of Economics and Statistics*, 2006, 88: 363–373.

Bernard, A., Eaton, J., Jensen, B., Kortum, S., "Plants and Productivity in International Trade", *American Economic Review*, 2003, 93: 1268–1290.

Besedes, T., Prusa, T., "Product Differentiation and Duration of US Import Trade", *Journal of International Economics*, 2006, 70: 339–358.

Bevan, A., Estrin, S., and Meyer, K., "Foreign Investment Location and Institutional Development in Transition Economies", *In-*

ternational Business Review, 2004, 13 (1): 43-64.

Bontis, Nick,"Assessing Knowledge Assets: A Review of the Models Used to Measure Intellectual Capital", *International Journal of Management Review*, 2001, 3 (1): 41-60.

Braunerhjelm, P., and Svenson, R., "Host Country Characteristics and Agglomeration in Foreign Direct Investment", *Applied Economics*, 1996, 28: 833-840.

Broda, C., and Weinstein, D., "Globalization and the Gains from Variety", *Quarterly Journal of Economics*, 2006, 121: 541-585.

Buckley, P. J., and Casson, M., *The Future of Multinational Enterprises*, London: Macmillan, 1976.

Buckley, P. J., and Castro, F. B., "The Investment Development Path: The Case of Portugal", *Transnational Corporations*, 1998, 7 (1): 1-15.

Buckley, P. J., Clegg, L. J., Cross, A. R., Liu, X., Voss, H., and Zheng, P., "The Determinants of Chinese Outward Foreign Direct Investment", *Journal of International Business Studies*, 2007, 38: 499-518.

Buckley, P. J., Cross, A. R., Tan, H., Liu, X., and Voss, H., "Historical and Emergent Trends in Chinese Outward Direct Investment", *Management International Review*, 2008, 48: 715-748.

Bujancă, G. V., Ulman, S. R., "The Impact of the Economic Freedom on National Competitiveness in the Main Economic Power

Centers in the World", *Procedia Economics and Finance*, 2015, 20: 94-103.

Bénassy-Quéré, A., Coupet, M., Mayer, T., "Institutional Determinants of Foreign Direct Investment", *The World Economy*, 2007, 30: 764-782.

Caetano, J., Galego, A., "In Search for Determinants of Intra-Industry Trade within an Enlarged Europe", Universidade de E'vora Economics Working Paper, 2-2006, 2006.

Cagatay, N., Özler, S., "Feminization of the Labor Force: The Effects of Long-Term Development and Structural Adjustment", *World Development*, 1995, 23: 1883-1894.

Cantwell, J., "Technological Advantage as a Determinant of the International Economic Activity of the Firms", Discussion Papers in International Investment and Business Studies No.105, Reading: University of Reading, 1981.

Cantwell, J., "The Reorganization of European Industries after Integration: Selected Evidence on the Role of Transnational Enterprise Activities", *Journal of Common Market Studies*, 1987, 36 (1): 127-152.

Carlin, W., Glyn, A., Van Reenen, J., "Export Market Performance of OECD Countries: An Empirical Examination of the Role of Cost Competitiveness", *Journal of Economics*, 2001, 111 (468): 128-162.

Chen, Y., Puttinan, T., "Intellectual Property Rights and

Innovation in Developing Countries", *Journal of Development Economics*, 2005, 78 (2): 474-493.

Chin, J. C., Grossman, G. M., "Intellectual Property Rights and North-South Trade", in Jones, Ronald W., Krueger, Anne O., eds., *The Political Economy of International Trade: Essays in Honor of Robert E. Baldwin*, Basil Blackwell, Oxford, 1990.

Cho, D., Cho, J., "Over-Heated Education and Lower Labor Market Participation of Korean Females in Other OECD Countries", *Women's Studies International Forum*, 2015, 48: 1-8.

Cohen, W. M., and Levinthal, D. A., "Absorptive Capacity: A New Perspective on Learning and Innovation", *Administrative Science Quarterly*, 1990, 35 (1): 128-152.

Cuervo-Cazurra, A., Genc, M., "Transforming Disadvantages into Advantages: Developing-Country MNEs in the Least Developed Countries", *Journal of International Business Studies*, 2008, 39: 957-979.

Cushman, David O., "Real Exchange Rate Risk, Expectations, and the Level of Direct Investment", *Review of Economics and Statistics*, 1985, 67: 297-308.

Damijan, J., Knell, M., Majcen, B., Rojec, M., "The Role of FDI, R&D Accumulation and Trade in Transferring Technology to Transition Countries: Evidence from Firm Panel Data for Eight Transition Countries", *Economic Systems*, 2003, 27: 189-204.

Darby, J., Desbordes, R., Wooton, I., "Does Public Governance Always Matter? How Experience of Poor Institutional Quality Influences FDI to the South", CEPR Discussion Paper, Centre for Economic Policy Research, London, 2009.

Deng, P., "Investing for Strategic Resources and Its Rational: The Case of Outward FDI from Chinese Companies", *Business Horizons*, 2007, 50 (1): 71-81.

Dollar, D., Kray, A., "Institutions, Trade, and Growth", *Journal of Monetary Economics*, 2003, 50: 133-162.

Dosi, G., Pavitt, K., Soete, L., *The Economics of Technical Change and International Trade*, Harvester Wheatsheaf, London, 1990.

Du, J., Lu, Y., Tao, Z., "Economic Institutions and FDI Location Choice: Evidence of US Multinationals in China", *Journal of Comparative Economics*, 2008, 36: 412-429.

Dunning, D. H., "Towards an Eclectic Theory of International Production: Some Empirical Tests", *Journal of International Business Studies*, 1981, 11 (1): 9-31.

Dunning, J. H., and Lundan, S. M., "Institutions and the OLI Paradigm of the Multinational Enterprise", *Asia Pacific Journal of Management*, 2008, 25 (4): 573-593.

Dunning, J. H., and Narula, R., "The Investment Development Path Revisited: Some Emerging Issues", in J. H. Dunning and R. Narula, eds., *Foreign Direct Investment and Governments, Catalysts for Economic Restructuring*, London: Routledge, 1998.

Dunning, J. H., and Narula, R., "Transpacific Foreign Direct Investment and the Investment Development Path: The Record Assessed", *Essays in International Business*, Columbia: South Carolina: University of South Carolina, 1993.

Dunning, J. H., "The Eclectic (OLI) Paradigm of International Production: Past, Present and Future", *International Journal of the Economics of Business*, 2001, 8 (2): 173-190.

Dunning, J. H., "The Investment Development Cycle Revisited", *Weltwirtschaftliches Archiv*, 1986, 122 (4): 667-677.

Dunning, J. H., "Trade, Location of Economic Activity and the Multinational Enterprise: A Search for an Eclectic Approach", in B. Ohlin, P. O. Hesseborn, and P. E. Wijkman, eds., *The International Allocation of Economic Activity*, London: Macmillan, 1977.

Dunning, J. H., *Explaining International Production*, London: George Allen and Unwin, 1988.

Durán, J. J., and Ubeda, F., "The Investment Development Path: A New Empirical Approach and Some Theoretical Issues", *Transnational Corporations*, 2001, 10 (2): 1-34.

Fagerberg, J., "International Competitiveness", *Journal of Economics*, 1988, 98 (391): 355-374.

Fagerberg, J., "Technology and Competitiveness", *Oxford Review of Economic Policy*, 1996, 12: 39-51.

Falvey, R., and Kierzkowski, H., "Product Quality, Intra-Industry Trade and (Im) perfect Competition", in Kierzkowski, H. ed., *Protection and Competition in International Trade*, Basil Blackwell, Oxford, 1987.

Falvey, R., "Commercial Policy and Intra-Industry Trade", *Journal of International Economics*, 1981, 11: 133-140.

Fan, H., Lai, E.L. -C., Li, Y. A., "Credit Constraints, Quality, and Export Prices: Theory and Evidence from China", *Journal of Comparative Economics*, 2015, 43: 390-416.

Faruq, H., "Impact of Technology on Export Quality", *Journal of Developing Areas*, 2010, 44: 167-185.

Flam, H., Helpman, E., "Vertical Product Differentiation and North-South Trade", *American Economic Review*, 1987, 77: 810-822.

Fu, X., "Processing-Trade, FDI and Exports of Indigenous Firms: Firm-Level Evidence from High-Technology Industries in China", *Oxford Bulletin of Economics and Statistics*, 2011, 73 (5): 792-817.

Fu, X. and Y. Gong, "Indigenous and Foreign Innovation Efforts and Drivers of Technological Upgrading: Evidence from China", *World Development*, 2011, 37 (9): 1213-1225.

Fukui, E. T., Hammer, A. B., Jones, L. Z., "Are U. S. Exports Influenced by Stronger IPR Protection Measures in Recipient Markets?", *Business Horizons*, 2013, 56: 179-188.

Fundeanua, D. D., Badele, C. S., "The Impact of Regional Innovative Clusters on Competitiveness", *Procedia-Social and Behavioral Sciences*, 2014, 124: 405-414.

Funke, M., and Ruhwedel, R., "Product Variety and Economic Growth: Empirical Evidence for the OECD Countries", *IMF Staff Papers*, 2001, 48 (2): 225-242.

Gelb, S., "South-South Investment: The Case of Africa", in *Africa in the World Economy: The National, Regional and International Challenges*, The Hague: Fondad, 2005.

Gerschenkron, A., *Economic Backwardness in Historical Perspective*, Berlknap Press, Cambridge Mass, 1962.

Ginarte, Juan C., Park, Walter G., "Determinants of Patent Right: A Cross - National Study", *Research Policy*, 1997, 26: 283-301.

Glass, A. J., Saggi, K., "Intellectual Property Rights and Foreign Direct Investment", *Journal of International Economics*, 2002, 56: 387-410.

Glass, A. J., Wu, X., "Intellectual Property Rights and Quality Improvement", *Journal of Development Economics*, 2007, 82: 393-415.

Goel, R., Korhonen, I., "Exports and Cross-National Corruption: A Disaggregated Examination", *Economic Systems*, 2011, 35: 109-124.

Goh, S. K., and Wong, K. N., "Malaysia's Outward FDI:

The Effects of Market Size and Government Policy", *Journal of Policy Modeling*, 2011, 32 (3): 497-510.

Goldin, C., "The U-Shaped Female Labor Force Function in Economic Development and Economic History", in Schultz, T. P. ed., *Investment in Women's Human Capital*, Chicago and London: University of Chicago Press, 1995.

Greenhalgh, C., "Innovation and Trade Performance in the United Kingdom", *Journal of Economics*, 1990, 100 (400): 105-118.

Habib, M., Zurawicki, L., "Corruption and Foreign Direct Investment", *Journal of International Business Studies*, 2002, 33: 291-307.

Hall, R., Jones, C., "Why Do Some Countries Produce So Much More Output Per Worker Than Others?", *Quarterly Journal of Economics*, 1999, 114: 83-116.

Harrigan, J., Ma, X., Shlychkov, V., "Export Prices of U. S. Firms", NBER Working Paper, 2012.

Hausmann, R., Hwang, J., and Rodrik, D., "What You Export Matters", *Journal of Economic Growth*, 2007, 12: 1-25.

Helpman, E., "Innovation, Imitation, and Intellectual Property Right", *Econometrica*, 1993, 61: 1247-1280.

Henisz, W., "The Institutional Environment for Economic Growth", *Economics and Politics*, 2000, 12: 1-31.

Hoskisson, R., Eden, L., Lau, C. M., and Wright, M.,

"Strategies in Emerging Economies", *Academy of Management Journal*, 2000, 43: 249-269.

Hsu, J., Tiao, Y. E., "Patent Rights Protection and Foreign Direct Investment in Asian Countries", *Economic Modelling*, 2015, 44: 1-6.

Hummels, D., Klenow, P., "The Variety and Quality of a Nation's Exports", *American Economic Review*, 2005, 95: 704-723.

Ivus, O., "Do Stronger Patent Rights Raise High-Tech Exports to the Developing World?", *Journal of International Economics*, 2010, 81: 38-47.

Jarreau, J., and S. Poncet, "Export Sophistication and Economic Growth: Evidence from China", *Journal of Development Economics*, 2012, 97: 281-292.

Kafouros, M. I., and Buckley, P. J., "Under What Conditions Do Firms Benefit from the Research Efforts of Other Organizations?", *Research Policy*, 2008, 37 (2): 225-239.

Kaldor, N., "The Effect of Devaluations on Trade in Manufactures", in *Further Essays on Applied Economics*, Duckworth, London, 1978.

Kalotay, K., and Sulstarova, A., "Modeling Russian Outward FDI", *Journal of International Management*, 2010, 16 (2): 131-142.

Katsikeas, C. S., Skarmeas, D., and Bello, D. C., "Developing Successful Trust-Based International Exchange Relationships",

Journal of International Business Studies, 2009, 40: 132-155.

Kerr, W. R., "Ethnic Scientific Communities and International Technology Diffusion", *Review Economics and Statistics*, 2008, 90 (3): 518-537.

Khandelwal, A., "The Long and Short (of) Quality Ladders", *Review of Economic Studies*, 2010, 77: 1450-1476.

Klinger, B., "Is South - South Trade a Testing Ground for Structural Transformation?", UNCTAD Policy Issues in International Trade and Commodities Study Series No. 40, 2009.

Kogut, B., and Chang, S. J., "Technological Capabilities and Japanese Direct Investment in the United States", *Review of Economics and Statistics*, 1991, LXXIII, 401-413.

Kogut, B., "Foreign Direct Investment as a Sequential Process", in C. P. Kindleberger and D. P. Audretsch, eds., *The Multinational Corporations in the 1980*, Cambridge, MA: MIT Press, 1983.

Kohlhagen Steven, W., "Exchange Rate Changes, Profitability and Direct Foreign Investment", *Southern Economic Journal*, 1997, 44: 376-383.

Kostova, T., and Zaheer, S., "Organisational Legitimacy under Conditions of Complexity: The Case of the Multinational Enterprise", *Academy of Management Review*, 1999, 24: 64-81.

Krugman, P., "Competitiveness: A Dangerous Obsession", *Foreign Affairs*, 1994, 73: 28-44.

Krugman, P., "Scale Economies, Product Differentiation,

and the Pattern of Trade", *American Economic Review*, 1980, 70: 950-959.

Kueh, S. H., Puah, C. H., and Apoi, A., "Outward FDI of Malaysia: An Empirical Examination from Macroeconomic Perspective", *Economic Bulletin*, 2008, 6: 1-11.

Kueh, S. H., Puah, C. H., and Mansor, S. A., "Empirical Analysis on Emerging Issues of Malaysia Outward FDI from Macroeconomic Perspective", *International Review of Business Research Papers*, 2009, 5: 124-134.

Lagerlöf, N. P., "Gender Equality and Long-Run Growth", *Journal of Economic Growth*, 2003, 8: 403-426.

Lai, E. L. -C., "International Intellectual Property Rights Protection and the Rate of Product Innovation", *Journal of Development Economics*, 1998, 55: 133-153.

Lall, S., J. Weiss, and J. K. Zhang, "The 'Sophistication' of Export: A New Trade Measure", *World Development*, 2006, 34 (2): 222-237.

Lall, S., "Monopolistic Advantages and Foreign Involvement by US Manufacturing Industry", *Oxford Economic Papers*, 1980, 32 (1): 102-122.

Lall, S., "The Investment Development Path: Some Conclusions", in J. H. Dunning and R. Narula, eds., *Foreign Direct Investment and Governments: Catalysts for Economic Restructuring*, London: Routledge, 1996.

Lall, S., "What Competitiveness Is and Why It Is Important", in Lall, S. ed., *Competitiveness, Technology and Skills*, Edward Elgar, Cheltenham, 2001.

Landesmann, M., Pfaffermayr, M., "Technological Competition and Trade Performance", *Applied Economics*, 1997, 29 (2): 179-196.

Laursen, K., Meliciani, V., "The Importance of Technology-Based Intersectional Linkages for Market Share Dynamics", *Weltwirtsch. Archiv*, 2000, 136 (4): 702-723.

Laursen, K., Meliciani, V., "The Relative Importance of International vis-à-vis National Technological Spillovers for Market Share Dynamics", *Industrial and Corporation Change*, 2002, 11 (4): 875-894.

Laursen, K., Meliciani, V., "The Role of ICT Knowledge Flows for International Market Share Dynamics", *Research Policy*, 2010, 39 (5): 687-697.

Lee, J. Y., Mansfield, E., "Intellectual Property Protection and US Foreign Direct Investment", *Review Economic Statistics*, 1996, 78: 181-186.

Lesser, W., "The Effects of Intellectual Property Rights on Foreign Direct Investment and Imports in Developing Countries", *IP Strategy*, 2002, 4: 1-16.

Levchenko, A., "Institutional Quality and International Trade", *Review of Economic Studies*, 2007, 74: 791-819.

Li, J., I. Vertinsky, H. Zhang, "The Quality of Domestic

Legal Institutions and Export Performance", *Management International Review*, 2013, 53: 361-390.

Lo, D., and M. H. T. Chan., "Machinery and China's Nexus of Foreign Trade and Economic Growth", *Journal of International Development*, 1998, 10 (6): 733-749.

Lucas, R., "On the Mechanics of Economic Development", *Journal of Monetary Economics*, 1988, 22: 3-42.

Luo, Y., and Tung, R. L., "International Expansion of Emerging Market Enterprises: A Springboard Perspective", *Journal of International Business Studies*, 2007, 38: 481-498.

Magnier, A., Toujas-Bernate, J., "Technology and Trade: Empirical Evidences for the Major Five Industrialized Countries", *Weltwirtsch. Archiv*, 1994, 130 (3): 494-520.

Makin, A. J., Ratnasiri, S., "Competitiveness and Government Expenditure: The Australian Example", *Economic Modelling*, 2015, 49: 154-161.

Malhotra, Yogesh, "Knowledge Assets in the Global Economy: Assessment of National Intellectual Capital", *Journal of Global Information Management*, 2000, 8 (3): 5-15.

Maria, C. D., Lazarova, E. A., "Migration, Human Capital Formation, and Growth: An Empirical Investigation", *World Development*, 2011, 40 (5): 938-955.

Maskus, K. E., "The Role of Intellectual Property Rights in Encouraging Foreign Direct Investment and Technology Transfer",

Journal of Comparative and International Law, 1997.

Maskus, K. E. and M. Penubarti, "How Trade-Related Are Intellectual Property Rights?", *Journal of International Economics*, 1995, 39: 227-248.

Mauro, P., "Corruption and Growth", *The Quarterly Journal of Economics*, 1995, 110: 681-712.

Meon, P. -G., Sekkat, K., "Does Corruption Grease or Sand the Wheels of Growth?", *Public Choice*, 2008, 122: 69-97.

Meon, P. -G., Weill, L., "Is Corruption an Efficient Grease?", *World Development*, 2010, 38: 244-259.

Meyer, K. E., and Peng, M. W., "Probing Theoretically into Central and Eastern Europe: Transactions, Resources and Institutions", *Journal of International Business Studies*, 2005, 36 (6): 600-621.

Minondo, A., "Exports' Quality-Adjusted Productivity and Economic Growth", *Journal of International Trade and Economic Development*, 2010, 19 (2): 257-287.

Mo, P. -H., "Corruption and Economic Growth", *Journal of Comparative Economics*, 2001, 29: 66-79.

Mora, D., "The Role of Comparative Advantage in Trade within Industries", *Weltwirtschaftliches Archiv*, 2002, 138: 291-316.

Narula, R., *Mutlinational Investment and Economic Structure: Globalisation and Competitiveness*, New York and London: Routledge, 1996.

Nelson, R., *National Innovation Systems: A Comparative Analysis*, *Oxford: Oxford University Press*, 1993.

Nunnenkamp, P., Spatz, J., "Intellectual Property Rights and Foreign Direct Investment: A Disaggregated Analysis", *Review of World Economy*, 2004, 140: 393-414.

Oettl, A., Agrawal, A., "International Labor Mobility and Knowledge Flow Externalities", *Journal of International Bussiness Studies*, 2008, 39 (8): 1242-1260.

Pampel, F. C., Tanaka, K., "Economic Development and Female Labor Force Participation: A Reconsideration", *Social Force*, 1986, 64: 599-619.

Pearce, R. D., "The Internationalization of Sales by Leading Enterprises: Some Firm, Industry and Country Determinants", Discussion Papers in International Investment and Business Studies, Series B., No. 135, Reading: University of Reading, 1989.

Porter, M. E., *Competitive Advantage: Creating and Sustaining Superior Performance*, New York: The Free Press, 1985.

Rauch, J., "Networks Versus Markets in International Trade", *Journal of International Economics*, 1999, 48: 7-35.

Reganati, F., Pittiglio, R., "Vertical Intra-Industry Trade: Patterns and Determinants in the Italian Case", Quaderni DSEMS 06, Dipartimento di Scienze Economiche, Matematiche e Statistiche, Universita'di Foggia, Foggia, 2005.

Rodrik, D., "Getting Interventions Right: How South Korea

and Taiwan Grew Rich", *Economic Policy*, 1995, 20: 53-97.

Rodrik, D., "What Is So Special about China's Exports?", *China and the World Economy*, 2006, 14 (5): 1-19.

Roessner, J. D., Porter, A. L., Newman, N., Cauffiel, D., "Anticipating the Future High - Tech Competitiveness of Nations: Indicators for Twenty - Eight Countries", *Technological Forecasting and Social Change*, 1996, 51: 133-149.

Romer, P., "Endogenous Technical Change", *Journal of Political Economy*, 1990, 98: 71-102.

Saad, R. M., Noor, A. M., and Nor, A. H. S. M., "Developing Countries' Outward Investment: Push Factors for Malaysia", *Procedia-Social and Behavioral Sciences*, 2013, 130: 237-246.

Sachs, J., and A. Warner, "Natural Resource Abundance and Economic Growth", in G. Meier and J. Rauch, eds., *Leading Issues in Economic Development*, New York: Oxford University Press, 1995.

Sachs, J. D., and A. M. Warner, "Natural Resources and Economic Development: The Curse of Natural Resources", *European Economic Review*, 2001, 45: 827-838.

Sachs, J. D., and A. M. Warner, "The Big Push, Natural Resource Booms and Growth", *Journal of Development Economics*, 1999, 59 (1): 43-76.

Salehizadeh, M., "Emerging Economies' Multinationals: Current Status and Future Prospects", *Third World Quarterly*, 2007, 28 (6): 1151-1166.

Samaniego, R. M., "Knowledge Spillovers and Intellectual Property Rights", *International Journal of Industrial Organization*, 2012, 31: 50-63.

Schott, P., "Across-Product Versus Within-Product Specialization in International Trade", *Quarterly Journal of Economics*, 2004, 119: 647-678.

Schott, P., "The Relative Sophistication of Chinese Exports", *Economic Policy*, 2008, 1: 5-49.

Seungjin Kim, "Effects of Outward Foreign Direct Investment on Home Country Performance: Evidence from Korea", in Takatoshi Ito and Anne O. Krueger, eds., *The Role of Foreign Direct Investment in East Asian Economic Development*, Chicago, 2000.

Smith, P. J., "Are Weak Patent Rights a Barrier to U. S. Exports?", *Journal of International Econonmics*, 1999, 46: 151-177.

Smith, P. J., "How Do Foreign Patent Rights Affect U. S. Exports, Affiliate Sales, and Licenses?", *Journal of International Economics*, 2001, 55: 411-439.

Soete, L., "A General Test of Technological Gap Trade Theory", *Weltwirtsc. Archiv*, 1981, 117 (4): 638-660.

Stark, O., "Inequality and Migration: A Behavioral Link", *Economic Letters*, 2005, 91 (1): 146-152.

Stoian, C., and Filippaios, F., "Foreign Direct Investment in Central, Eastern and South-Eastern Europe: An Eclectic Approach to Greek Investments", *International Journal of Entrepreneurship and*

Innovation Management, 2008, 8 (5): 542–564.

Stoian, C., "Extending Dunning's Investment Development Path: The Role of Home Country Institutional Determinants in Explaining Outward Foreign Direct Investment", *International Business Review*, 2013, 22: 615–637.

Takakuwa, S., Veza, I., "Technology Transfer and World Competitiveness", *Procedia Engineering*, 2015, 69: 121–127.

Tana, P. L., Subramaniam, G., "Perception of Undergraduates towards Female Labor Force Participation", *Procedia–Social and Behavioral Sciences*, 2013, 105: 383–390.

Tolentino, P., *Technological Innovation and Third World Multinationals*, London: Routledge, 1993.

Tsani, S., Paroussos, L., Fragiadakis, C., Charalambidis, I., Capros, P., "Female Labor Force Participation and Economic Growth in the South Mediterranean Countries", *Economics Letters*, 2013, 120: 323–328.

Venables, A. J., "Fragmentation and Multinational Production", *European Economic Review*, 1999, 43: 935–945.

Vernon, R., "International Trade and International Investment in the Product Cycle", *Quarterly Journal of Economics*, 1966, 80 (2): 144–156.

Wakelin, K., "The Role of Innovation in Bilateral OECD Trade Performance", *Applied Economics*, 1998, 30 (10): 1335–1346.

Wang, C. Q., Hong, J. J., Kafouros, M., and Boateng, A., "What Drives Outward FDI of Chinese Firms ? Testing the Explanatory Power of Three Theoretical Frameworks", *International Business Review*, 2012, 21: 425-438.

Wang, Z., and Wei, S. J., "What Accounts for the Rising Sophistication of China's Exports", in R. Feenstra and S. J. Wei, eds., *China's Growing Role in World Trade*, Chicago, USA: University of Chicago Press, 2010.

Williams, A. M., "Listen to Me, Learn with Me: International Migration and Knowledge Transfer", *Br. J. Ind. Relat*, 2007, 45 (2): 361-382.

Wright, M., Filatotchev, I., Hoskisson, R. E., and Peng, M. W., "Strategy Research in Emerging Economies: Challenging the Conventional Wisdom", *Journal of Management Studies*, 2005, 42 (1): 1-33.

Xu, B., "The Sophistication of Exports: Is China Special?", *China Economic Review*, 2010, 21 (3): 482-493.

Xu, B., and J. Y. Lu, "Foreign Direct Investment, Processing Trade, and the Sophistication of China's Export", *China Economic Review*, 2009, 20 (3): 425-439.

Yiu, D., and Makino, S., "The Choice between Joint Venture and Wholly Owned Subsidiary: An Institutional Perspective", *Organisation Science*, 2002, 13: 667-683.

Zhang, K. H., "How Does Foreign Direct Investment Affect

Industrial Competitiveness? Evidence from China", *China Economic Review*, 2014, 30: 530-549.

Zhu, S., and X. L. Fu, "Drivers of Export Upgrading", *World Development*, 2013, 51: 221-233.

Zhu, S. J., Fu, X. L., Lai, M. Y., and Xuan, J., "What Drives the Export Sophistication of Countries?", SLPTMD Working Paper Series, No. 033, 2009.

Zukin, S., and DiMaggio, P., *Structures of Capital: The Social Organisation of the Economy*, Cambridge: Cambridge University Press, 1990.